秘書検定
実問題集

2級

2024年度版

第126回 ▶ 第131回

早稲田教育出版

　「秘書」は，かつては社長秘書などという言い方で代表されたように，多くは専業でしたが，最近は少し様子が変ってきました。ＩＴの発展により会社の役員などでも情報管理を自身でできるようになりましたから，秘書は秘書だけをしていればよいという時代ではなくなりました。例えば営業部長でも秘書的な能力のある部員に秘書的なことをやってもらって，効率的な仕事の仕方をする人が多くなってきました。このような場合の秘書は兼務秘書などという言い方がされています。

　考えてみれば，秘書の仕事は上司の補佐（手助け）ですが，会社などに就職すれば，初めは誰でも自分より目上の人（先輩・上役）の補佐が仕事です。しかもこの補佐は秘書的な能力（人間的能力）が求められる仕事です。

　このようなことから秘書的能力は，「ヒューマンスキル（ビジネスの場で必要な対人関係についての能力）」と考えられるようになってきています。

　今後は，会社などで社員に求める能力は，ヒューマンスキルとしての秘書的能力が期待され，この方向で発展していくものと思われます。

●秘書検定のスペシャリティー（特色）

　秘書検定には「準１級」と「１級」に面接試験があります。内容は，秘書的能力は人間的な能力であることから，対人関係を題材（応対・報告）にしたロールプレーイングになっています。特に準１級は，学生さんには就職面接の面接体験的な位置づけにもなっていて，社会性を体験することから対人関係に自信が持てるようにもなります。挑戦を期待しています。

○ 本書の利用について

1. 本書の問題編には,「秘書技能検定試験」として,第126回〜第131回までに実施された2級試験問題を収載しています。

2. 巻末の「解答・解説」は必要に応じて本編から外して利用することができます。また,解答のうち記述形式によるものは,問題の性格上,本書掲載の解答に限定されない「解答例」です。

3. 各問にある「難易度ランク」は,★の数が多いほど難しくなります。

4. 本書は2021年3月から実施している「秘書検定CBT」の受験対策としても,活用できます。

5. 2級の試験時間は120分です。本書の問題を解く際の参考にしてください。選択問題は「…適当と思われるものを選びなさい」「…不適当と思われるものを選びなさい」などの違いに気を付けて読んでください。

　　時間は有効に使って答案は隅々まで点検し,一人でも多く合格できますよう,ご健闘をお祈りしております。

秘書検定
実問題集
2024
年度版

2 級

CONTENTS

第126回 ▶ 第131回

秘書検定　試験案内

◆秘書検定の級位と出題領域別問題数

秘書検定の級位には1級，準1級，2級，3級があり，それぞれ程度の違いに差がついています。

3級と2級の出題数は，従来の例ですと

①「必要とされる資質」領域から5問

②「職務知識」領域から5問

③「一般知識」領域から3問

④「マナー・接遇」領域から12問

⑤「技能」領域から10問

計35問出題されます。

◆出題形式

3級と2級は筆記試験のみです。試験内容の約9割がマークシート方式の5肢択一（五つの選択肢から一つを選ぶ）問題で，約1割が記述解答式の問題です。1級と準1級は一次試験（筆記試験）に合格すると二次試験（ロールプレーイング形式の面接試験）があります。

◆筆記試験合格基準

筆記試験は1級〜3級とも「理論」と「実技」に領域が区分され，それぞれの得点が60％以上のとき合格となります。どちらか一方の得点が60％未満のときは合格になりません。

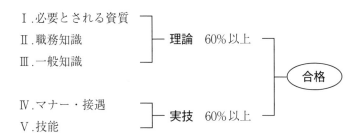

◆試験日　他

原則として6月，11月，2月に筆記試験が行われます。ただし2月の試験は3級と2級のみです。

〈受験料について〉

3級3,800円　2級5,200円　準1級6,500円　1級7,800円
（2024年2月現在，税込み）

〈併願受験について〉

3級と2級，2級と準1級については同時に申し込みができ，同日中に受験ができます。申し込み後の変更はできません。（1級は，他の級との併願受験はできません）

〈受験資格について〉

学歴・年齢，その他の制限は一切ありません。どなたでも受験することができます。

秘書検定CBT試験について

2021年3月からコンピューターを使用して秘書検定（2級・3級）を受験できるようになりました。資格のレベルや認定については従来の検定試験と同様です。

CBT試験では，年3回の試験日に限定されず都合のよい日程を選んで受験することができ，合否結果も試験終了後すぐに分かります。お近くのテストセンター（全国350カ所以上）で受験することができます。

詳細は，実務技能検定協会のホームページで確認してください。

その他ご不明点は秘書検定ホームページをご覧になるか，下記へお問い合わせください。

公益財団法人 実務技能検定協会　秘書検定部
〒169-0075　東京都新宿区高田馬場一丁目4番15号
電話 03（3200）6675　　URL　https://jitsumu-kentei.jp/

2024年度 秘書検定
試験実施日

■試験当日の持ち物チェック
□受験票
　□身分証明書
　（学生証・運転免許証・
　　健康保険証・パスポート等）
　　□HBの黒鉛筆
　　　またはシャープペンシル
　（万年筆・ボールペン等不可）
　□消しゴム
　□腕時計
※携帯電話,スマートフォン等の
　電子機器類を時計代わりに
　使用することはできません。

CHECK

第133回
6/16（日）
受付期間
● 2024年4月5日（金）
　～5月14日（火）

●実施級●
3級, 2級, 準1級, 1級

第134回
11/17（日）
受付期間
● 2024年9月4日（水）
　～10月15日（火）

●実施級●
3級, 2級, 準1級, 1級

第135回
2/9（日）
受付期間
● 2024年12月9日（月）
　～2025年1月14日（火）

●実施級●
3級, 2級のみ

申し込みから合格まで

個人の申込はインターネットで

以下の2種類の申込方法があります。

①インターネットで申し込む

下のQRコードをスマートフォン，タブレットに読み込ませるか，
パソコンで以下のURLにアクセスし，申込情報を入力後，
コンビニエンスストアまたは，クレジットカードで受験料を支払う。
URL https://jitsumu-kentei.jp/

②郵送で申し込む

現金書留で，願書と受験料を協会
へ郵送する。
（願書は協会より取り寄せる）

スマートフォン用
申し込みサイト

申し込みは受付期間内に

受験願書の受付期間は，試験日のほぼ2カ月前から1カ月前までです。
また，郵送の場合は消印が締切日翌日までのものが有効となります。

いよいよ試験当日！

試験当日は，受験票，身分証明書と合わせて，遅刻しないように
会場までの交通機関，所要時間もしっかりチェックしましょう。
20分以上遅刻すると受験できませんのでご注意を。

●受験票と身分証明書を提示

受付で試験監督者に受験票と身分証明
書を提示してください。

●途中退室について

試験開始80分後からできますが，よく見直
しをしましょう。

合否通知について

3級，2級の合否は，試験日の約3週間後に通知します。
準1級筆記試験の合否は，試験日の約2週間後，1級の
合否は，面接試験日の約1週間前までに通知します。
面接の合否は準1級・1級ともに試験日から約3週間後に
通知します。
合格者にはデジタル化した合格証，合格証明書を発行します。
合格証明書はいつでも無料でダウンロード，出力ができます。

★インターネット合否速報

合否速報は試験日の約2週間後から
秘書検定ホームページで確認できます！

5つの領域で問うものとは

● **必要とされる資質**

秘書の仕事は上司の身の回りの世話や仕事の手助けです。それを適切に実行するための感覚，判断力のようなものが秘書の資質ということです。変則的な来客をどのように取り次ぐなどの判断，上司が何を望んでいるかなどを察して対応する気の利かせ方などが問われます。

● **職務知識**

上司の留守をどのように預かるか。上司の仕事をどのように手伝うかなど，秘書特有の仕事の仕方について問われます。

● **一般知識**

秘書はビジネスの場で仕事をします。そのためには，上司や身の回りの人が話す言葉が理解できる必要があります。とはいっても大げさなことではなく，上司の仕事を手助けするためにはこのくらいは知っていなくてはという，社会常識的な範囲で主に経済用語が問われます。

● **マナー・接遇**

ビジネスの場では礼儀作法をビジネスマナーといいます。マナーは対人関係では欠かすことのできないものです。上下関係のある人の集まりである職場では，ビジネスマナーを心得ていないとその一員にはなれません。目上の人（上司・先輩・来客など）にはどのように接すればよいか，対人関係の基本となる言葉遣い，来客にはどのようにお茶を出すか，社交常識（主に弔事，慶事）などについて問われます。

● **技　能**

ビジネスの場で必要な，文書，ファイリング，事務用品，会議などについての初歩的な知識，用語。また，オフィスの環境整備について常識的なことが問われます。

秘書技能審査基準 2級

程度	領域		内　容
秘書的業務について理解ができ、一般的な秘書的業務を行うのに必要な知識、技能を持っている。	I 必要とされる資質	(1)秘書的な仕事を行うについて備えるべき要件	① 一般的に秘書的業務を処理する能力がある。 ② 判断力、記憶力、表現力、行動力がある。 ③ 機密を守れる、機転が利くなどの資質を備えている。
		(2)要求される人柄	① 身だしなみを心得、良識がある。 ② 誠実、明朗、素直などの資質を備えている。
	II 職務知識	(1)秘書的な仕事の機能	① 秘書的な仕事の機能を知っている。 ② 上司の機能と秘書的な仕事の機能の関連を知っている。
	III 一般知識	(1)社会常識	① 社会常識を備え、時事問題について知識がある。
		(2)経営管理に関する知識	① 経営管理に関する初歩的な知識がある。
	IV マナー・接遇	(1)人間関係	① 人間関係について一般的な知識がある。
		(2)マナー	① ビジネスマナー、一般的なマナーを心得ている。
		(3)話し方、接遇	① 一般的な敬語、接遇用語が使える。 ② 短い報告、説明、簡単な説得ができる。 ③ 真意を捉える聞き方が一般的にできる。 ④ 忠告が受けられ、注意ができる。
		(4)交際の業務	① 慶事、弔事に伴う庶務、情報収集とその処理ができる。 ② 贈答のマナーを一般的に知っている。 ③ 上司加入の諸会の事務を扱うことができる。
	V 技能	(1)会議	① 会議に関する知識、および進行、手順についての知識がある。 ② 会議の計画、準備、事後処理ができる。
		(2)文書の作成	① 文例を見て、社内外の文書が作成できる。 ② 会議の簡単な議事録が作成できる。 ③ 折れ線、棒、簡単な円などのグラフを書くことができる。
		(3)文書の取り扱い	① 送付方法、受発信事務について知識がある。 ② 秘扱い文書の取り扱いについて知識がある。
		(4)ファイリング	① 一般的なファイルの作成、整理、保管ができる。
		(5)資料管理	① 名刺、業務上必要な資料類の整理、保管が一般的にできる。 ② 要求された社内外の情報収集、整理、保管が一般的にできる。
		(6)スケジュール管理	① 上司のスケジュール管理が一般的にできる。
		(7)環境、事務用品の整備	① オフィスの整備、管理、および事務用品の整備、管理が一般的にできる。

秘書技能審査基準 3級

程度	領域		内　容
初歩的な秘書的業務の理解ができ、基本的な業務を行うのに必要な知識、技能を持っている。	Ⅰ 必要とされる資質	(1)秘書的な仕事を行うについて備えるべき要件	① 初歩的な秘書的業務を処理する能力がある。 ② 判断力、記憶力、表現力、行動力がある。 ③ 機密を守れる、機転が利くなどの資質を備えている。
		(2)要求される人柄	① 身だしなみを心得、良識がある。 ② 誠実、明朗、素直などの資質を備えている。
	Ⅱ 職務知識	(1)秘書的な仕事の機能	① 秘書的な仕事の機能を知っている。 ② 上司の機能と秘書的な仕事の機能の関連を知っている。
	Ⅲ 一般知識	(1)社会常識	① 社会常識を備え、時事問題について知識がある。
		(2)経営に関する知識	① 経営に関する初歩的な知識がある。
	Ⅳ マナー・接遇	(1)人間関係	① 人間関係について初歩的な知識がある。
		(2)マナー	① ビジネスマナー、一般的なマナーを心得ている。
		(3)話し方、接遇	① 一般的な敬語、接遇用語が使える。 ② 簡単な短い報告、説明ができる。 ③ 真意を捉える聞き方が、初歩的なレベルでできる。 ④ 注意、忠告が受けられる。
		(4)交際の業務	① 慶事、弔事に伴う庶務、情報収集と簡単な処理ができる。 ② 贈答のマナーを一般的に知っている。
	Ⅴ 技能	(1)会議	① 会議に関する知識、および進行、手順について初歩的な知識がある。 ② 会議について、初歩的な計画、準備、事後処理ができる。
		(2)文書の作成	① 簡単な社内文書が作成できる。 ② 簡単な折れ線、棒などのグラフを書くことができる。
		(3)文書の取り扱い	① 送付方法、受発信事務について初歩的な知識がある。 ② 秘扱い文書の取り扱いについて初歩的な知識がある。
		(4)ファイリング	① 簡単なファイルの作成、整理、保管ができる。
		(5)資料管理	① 名刺、業務上必要な資料類の簡単な整理、保管ができる。 ② 要求された簡単な社内外の情報収集ができ、簡単な整理、保管ができる。
		(6)スケジュール管理	① 上司の簡単なスケジュール管理ができる。
		(7)環境、事務用品の整備	① オフィスの簡単な整備、管理、および事務用品の簡単な整理、管理ができる。

秘書技能審査基準 準1級

【一次試験（筆記）】

<table>
<tr><th>程度</th><th colspan="2">領 域</th><th>内 容</th></tr>
<tr><td rowspan="20">秘書的業務について理解があり、1級に準じた知識を持つとともに、技能が発揮できる。</td><td rowspan="2">I 必要とされる資質</td><td>(1)秘書的な仕事を行うについて備えるべき要件</td><td>① 秘書的な仕事を処理する能力がある。
② 判断力、記憶力、表現力、行動力がある。
③ 機密を守れる、機転が利くなどの資質を備えている。</td></tr>
<tr><td>(2)要求される人柄</td><td>① 身だしなみを心得、良識がある。
② 誠実、明朗、素直などの資質を備えている。</td></tr>
<tr><td>II 職務知識</td><td>(1)秘書的な仕事の機能</td><td>① 秘書的な仕事の機能を知っている。
② 上司の機能と秘書的な仕事の機能の関連を知っている。</td></tr>
<tr><td rowspan="2">III 一般知識</td><td>(1)社会常識</td><td>① 社会常識を備え、時事問題について知識がある。</td></tr>
<tr><td>(2)経営管理に関する知識</td><td>① 経営管理に関する一般的な知識がある。</td></tr>
<tr><td rowspan="4">IV マナー・接遇</td><td>(1)人間関係</td><td>① 人間関係について知識がある。</td></tr>
<tr><td>(2)マナー</td><td>① ビジネスマナー、一般的なマナーを心得ている。</td></tr>
<tr><td>(3)話し方、接遇</td><td>① 状況に応じた言葉遣いができ、適切な敬語、接遇用語が使える。
② 長い報告、説明、苦情処理、説得ができる。
③ 真意を捉える聞き方ができる。
④ 忠告が受けられ、忠告の仕方を理解している。</td></tr>
<tr><td>(4)交際の業務</td><td>① 慶事、弔事の次第とそれに伴う庶務、情報収集とその処理ができる。
② 贈答のマナーを知っている。
③ 上司加入の諸会の事務、および寄付などに関する事務が扱える。</td></tr>
<tr><td rowspan="7">V 技能</td><td>(1)会議</td><td>① 会議に関する知識、および進行、手順についての知識がある。
② 会議の計画、準備、事後処理ができる。</td></tr>
<tr><td>(2)文書の作成</td><td>① 社内外の文書が作成できる。
② 会議の簡単な議事録が作成できる。
③ 折れ線、棒、円などのグラフを書くことができる。</td></tr>
<tr><td>(3)文書の取り扱い</td><td>① 送付方法、受発信事務について知識がある。
② 秘扱い文書の取り扱いについて知識がある。</td></tr>
<tr><td>(4)ファイリング</td><td>① ファイルの作成、整理、保管ができる。</td></tr>
<tr><td>(5)資料管理</td><td>① 名刺、業務上必要な資料類の整理、保管ができる。
② 要求された社内外の情報収集、整理、保管ができる。</td></tr>
<tr><td>(6)スケジュール管理</td><td>① 上司のスケジュール管理ができる。</td></tr>
<tr><td>(7)環境、事務用品の整備</td><td>① オフィスの整備、管理、および事務用品の整備、管理が適切にできる。</td></tr>
</table>

【二次試験（面接）】

<table>
<tr><th></th><th colspan="2">審 査 要 素</th></tr>
<tr><td>(1)ロールプレーイング</td><td>秘書的業務担当者としての、態度、振る舞い、話の仕方、言葉遣い、物腰、身なりなどの適性。</td><td>① 一般的なあいさつ（自己紹介）ができる。
② 上司への報告ができる。
③ 上司への来客に対応できる。</td></tr>
</table>

秘書技能審査基準 1級

【一次試験（筆記）】

程度	領域		内容
秘書的な業務全般について十分な理解があり、高度な知識を持つとともに、高度な技能が発揮できる。	I 必要とされる資質	(1)秘書的な仕事を行うについて備えるべき要件	① 秘書的な仕事を処理するのに十分な能力がある。 ② 判断力、記憶力、表現力、行動力がある。 ③ 機密を守れる、機転が利くなどの資質を備えている。
		(2)要求される人柄	① 身だしなみを心得、良識がある。 ② 誠実、明朗、素直などの資質を備えている。
	II 職務知識	(1)秘書的な仕事の機能	① 秘書的な仕事の機能を知っている。 ② 上司の機能と秘書的な仕事の機能の関連を十分に知っている。
	III 一般知識	(1)社会常識	① 社会常識を備え、時事問題について知識が十分にある。
		(2)経営管理に関する知識	① 経営管理に関する一般的な知識がある。
	IV マナー・接遇	(1)人間関係	① 人間関係についての知識が十分にある。
		(2)マナー	① ビジネスマナー、一般的なマナーを十分に心得ている。
		(3)話し方、接遇	① 状況に応じた言葉遣いが十分にでき、高度な敬語、接遇用語が使える。 ② 複雑で長い報告、説明、苦情処理、説得ができる。 ③ 真意を捉える聞き方ができる。 ④ 忠告が受けられ、忠告の仕方を十分に理解している。
		(4)交際の業務	① 慶事、弔事の次第とそれに伴う庶務、情報収集とその処理ができる。 ② 贈答のマナーを十分知っている。 ③ 上司加入の諸会の事務、および寄付などに関する事務ができる。
	V 技能	(1)会議	① 会議に関する知識、および進行、手順についての知識が十分にある。 ② 会議の計画、準備、事後処理が十分にできる。
		(2)文書の作成	① 社内外の文書が作成できる。 ② 会議の議事録が作成できる。 ③ データに基づき、適切なグラフを書くことができる。
		(3)文書の取り扱い	① 送付方法、受発信事務について知識が十分にある。 ② 秘扱い文書の取り扱いについて知識が十分にある。
		(4)ファイリング	① 適切なファイルの作成、整理、保管ができる。
		(5)資料管理	① 名刺、業務上必要な資料類の整理、保管ができる。 ② 要求された社内外の情報収集、整理、保管ができる。
		(6)スケジュール管理	① 上司のスケジュール管理が十分にできる。
		(7)環境の整備	① オフィスの整備、管理ができ、レイアウトの知識がある。

【二次試験（面接）】

		審査要素	
(1)ロールプレーイング	秘書的業務担当者としての、態度、振る舞い、話の仕方、言葉遣い、物腰、身なりなどの適性。	① 上司への報告ができる。 ② 上司への来客に対応できる。	

秘書検定 2 級

第131回

問題

試験時間 120分

必要とされる資質

　　　　秘書Aは,「秘書には知的能力も必要だが, 健康で体力があることも必要」と本で学んだ。そこで, それは具体的にどのようなことか同僚と話し合ってみた。次の中から<u>不適当</u>と思われるものを一つ選びなさい。

1 ）健康で体力があれば, 休んでいる上司や同僚などの仕事のカバーができるからではないか。
2 ）秘書は何事にも機敏な行動が求められるが, それができるのは健康で体力があるからではないか。
3 ）秘書には体を動かす仕事や根気の要る仕事もあるが, 健康で体力がないとそれができにくいからではないか。
4 ）上司が安心して仕事を頼めるようにしないといけないが, 健康で体力がないとそれが難しいからではないか。
5 ）秘書は何事にも気を配らないといけないが, 健康で体力がないと集中力に欠けて気配りができなくなるからではないか。

　　　　秘書Aは上司（営業本部長）から,「君の仕事が立て込んで忙しいときは, 営業部長秘書のCに手伝ってもらえるように営業部長に話してある。Cも承知している」と言われていた。ところが, AがCに仕事を頼むとあまりよい顔をしない。次はAがこのことについて, どのようにするのがよいか考えたことである。中から<u>不適当</u>と思われるものを一つ選びなさい。

1 ）Cが快く引き受けてくれないときは, 何か事情があるか尋ねるのがよいのではないか。
2 ）上司に, Cが快く引き受けてくれないので困っていると相談するのがよいのではないか。
3 ）営業部長の了承を得ているのだから, Cの態度はあまり気にしないでよいのではないか。
4 ）Cに仕事を頼むときの今までのAの態度について, 振り返ってみるのがよいのではないか。

5）Aの手伝いについて，Cがどのように聞いているのか一度尋ねてみるのがよいのではないか。

3 難易度ランク ★★ ✓CHECK! ☐☐☐

秘書Aの上司は交友関係が多彩である。次はAが，上司と親しくしている人への気遣いとして行ったことである。中から<u>不適当</u>と思われるものを一つ選びなさい。

1）上司がD氏と食事に行くと言ったとき，D氏には食事制限があったので，制限に差し支えない店を知らせた。
2）上司がよく行く料理店店主のE氏から電話があったとき，近々取引先の接待があるようなのでお願いすることになると言った。
3）古くから付き合いのあるF氏が訪れたとき，その日が誕生日だったので，お祝いの言葉を言った後，お変わりないですねと言った。
4）上司の頼み事を引き受けてくれたG氏が帰るとき，上司から聞いたG氏の好物の菓子折りを用意しておき，上司からと言って渡した。
5）よく来訪する取引先のH氏はいつも日本茶に口を付けないので，次の面談の日程調整をするとき，H氏の秘書に飲み物の好みを尋ねた。

4 難易度ランク ★★★ ✓CHECK! ☐☐☐

秘書Aは上司から，新人Bは仕事は速そうだがミスが目立つので指導しておいてもらいたいと言われた。このような場合，AはBにどのようなことを言えばよいか。次の中から<u>不適当</u>と思われるものを一つ選びなさい。

1）重要な箇所でのミスや大きなミスは，目立つので注意するように。
2）仕事を頼むときは当分の間見本を示すので，それをまねてするように。
3）仕事が終わったら，間違っているところがないかを点検するまでが仕事である。

4）当分の間仕上げた仕事に目を通すので，出来上がったらすぐに見せてもらいたい。

5）仕事を頼むときはミスの出そうな箇所を教えるので，そこは特に注意してもらいたい。

難易度ランク ★

5

✓CHECK! ☐☐☐

部長秘書Ａが本部長との打ち合わせから戻ってきた上司にお茶を持っていったところ，「本部長にはついていけないな」と不機嫌そうに話しかけられた。Ａは，上司と本部長は馬が合わないことを日ごろから感じていた。このような場合，Ａは上司にどのように言えばよいか。次の中から**適当**と思われるものを一つ選びなさい。

1）「何かと大変そうでございますね」

2）「本部長と何かあったのでしょうか」

3）「どちらかが譲ればよいことなのでしょうが」

4）「馬が合わないようでいらっしゃいますからね」

5）「無理に合わせる必要はないのではございませんか」

職務知識

難易度ランク ★

6

✓CHECK! ☐☐☐

秘書Ａの上司（部長）は，一日外出していて外出先から直接帰宅することがある。次はこのようなとき，帰宅した上司に連絡したことである。中から**不適当**と思われるものを一つ選びなさい。

1）常務から，「明日朝一番で本部長と一緒に打ち合わせをしたい」という連絡があったこと。

2）本部長から，「明日の取引先社長の葬儀に代理で参列してもらえないか」と連絡があったこと。

3）Ａの近親者に不幸があり，葬儀の手伝いをするため明日急に休まなければならなくなったこと。

4）上司の友人から，「後援会に寄付をお願いしたいので，明日趣意書を送る」と連絡があったこと。

5）明日ゴルフに行くことになっているメンバーから，「スタートの時間が30分早くなった」という連絡があったこと。

7 難易度ランク ★★ ✔CHECK! □□□

経理部長秘書Aは上司から，前回の部長会議の議事録を持ってくるように指示された。ところが，その議事録が所定の場所に見当たらない。そこでAは，取りあえず他部署から借りてコピーをさせてもらおうと考えた。コピーすることについて，次の中から不適当と思われるものを一つ選びなさい。

1）自分が指示されたことだから，周りには何も言わずに総務部から借りてきてコピーをする。

2）上司に，所定の場所にないので総務部から借りてコピーをしようと思うがよいかと尋ねる。

3）先輩に事情を話し，隣の部署から借りてコピーをしたいと思うが，特に問題はないかと尋ねる。

4）同僚に事情を話し，他部署から借りてコピーをしたいのだが，どの部署が借りやすいかと相談する。

5）親しい他部署の秘書に事情を話してコピーをさせてもらい，このことは内緒にしておいてもらいたいと頼む。

8 難易度ランク ★★★ ✔CHECK! □□□

次は部長秘書Aが，上司の忙しさを軽減するために心がけていることである。中から不適当と思われるものを一つ選びなさい。

1）上司が忙しいときの不意の来客はAが対応し，上司の手を煩わせないようにしている。

2）上司宛ての郵便物でもAに処理できそうなものは，上司に渡すとき申し出るようにしている。

3）すぐでなくても影響がない報告は，上司の手が空いているときに
まとめてするようにしている。

4）担当者で済みそうな面談の申し込みは，上司に報告した上で，相
手に担当者でよいか尋ねるようにしている。

5）代理出席でも構わない懇親会やパーティーなどの案内が届いたと
きは，代理を立てようかと提案するようにしている。

9 難易度ランク ★★　　　　　　　　✓CHECK! ☐☐☐

次は営業部長秘書Ａが，秘書としてよりよい仕事をするための知
識を身に付けようと考えたことである。中から<u>不適当</u>と思われるものを一つ
選びなさい。

1）社外の研修に参加して，マナーの知識を身に付ける。

2）業界紙などに目を通し，自社と同じ業種の動向を知る。

3）専門のテキストを使って，ビジネス文書の書き方を学ぶ。

4）秘書同士のネットワークを使い，同業他社の慶弔規定を知る。

5）インターネットを活用し，鉄道や航空などの交通機関の知識を身
に付ける。

10 難易度ランク ★★　　　　　　　　✓CHECK! ☐☐☐

秘書Ａは上司から，これを清書するようにと原稿を渡された。読
んでみると表現がおかしいと思われる箇所があった。このようなことにＡは
どう対処すればよいか。次の中から**適当**と思われるものを一つ選びなさい。

1）表現がおかしいのだから，上司には黙って直しておく。

2）上司に，気になる箇所があるがこれでよいのかと確かめる。

3）これを清書するようにと言われたのだから，そのまま清書する。

4）そのまま清書し，おかしいと思われる箇所に付箋を付けて渡す。

5）上司に，表現のおかしい箇所があるので直して清書しておくと言
う。

一般知識

11 難易度ランク ★★　　　　　　　　　　　　　✓**CHECK!** ☐ ☐ ☐

次の「　　」内は下のどの用語の説明か。中から**適当**と思われる
ものを一つ選びなさい。

「従業員の処遇に反映させるために，勤務態度や職務遂行の度合いを
評価すること」

1）人事異動
2）人事調査
3）人事管理
4）人事考課
5）人事相談

12 難易度ランク ★★★　　　　　　　　　✓CHECK! ☐☐☐

次の用語の説明の中から<u>不適当</u>と思われるものを一つ選びなさい。

1）「寡占」とは，商品市場の大部分を少数の企業が支配することである。
2）「商標」とは，他の商品との識別のために付ける文字，図形などのことである。
3）「債務」とは，金銭などを返してくれるように相手に対して請求できる権利のことである。
4）「背任」とは，地位や役職を利用して自分の利益を図り，会社などに損害を与えることである。
5）「入札」とは，売買や請負などで，複数の希望者が見積額などを書いた文書を提出することである。

13 難易度ランク ★★　　　　　　　　　　✓CHECK! ☐☐☐

次は用語とその意味（訳語）の組み合わせである。中から<u>不適当</u>と思われるものを一つ選びなさい。

1）インプット　　　　　＝　入力
2）インターバル　　　　＝　間隔
3）インフォーマル　　　＝　正式
4）インフォメーション　＝　案内所
5）インターナショナル　＝　国際的

マナー・接遇

14 難易度ランク ★★　　　　　　　　　　✓CHECK! □□□

次の「　　」内は，山田部長秘書Ａの言葉遣いである。中から**不適当**と思われるものを一つ選びなさい。

1）課長に対して
「資料は先ほど部長がお持ちになりました」

2）同僚に対して
「今朝部長からご説明がありました件ですが」

3）上司に対して
「課長は別件がおありとのことで先に出られました」

4）取引先に対して
「私どもの山田がそちらに参りましたらご連絡いただけますか」

5）本部長に対して
「部長から本部長のご予定をお聞きになってくるよう申し付かってまいりました」

15 難易度ランク ★★　　　　　　　　　　✓CHECK! □□□

次は秘書Ａが，電話応対の仕方について新人に指導したことである。中から**不適当**と思われるものを一つ選びなさい。

1）電話をかけたら最初に自分を名乗るが，伝言を頼んだときは最後にもう一度名前を言うとよい。

2）話の途中で他部署が担当している用件と分かったときは，すぐにそのことを言って電話を回すとよい。

3）上司宛ての電話に上司がすぐに出られないときは謝って，しばらくしてからかけ直してもらうよう頼むとよい。

4）通話中に突然切れたときはかけた方からかけ直すのが基本だが，相手が得意先ならこちらからかける方がよい。

5）すぐに答えられないことを聞かれたときは，そのまま待ってもらうより「調べて後で電話する」と言う方がよい。

16 難易度ランク ★★ ✓CHECK! ☐☐☐

次は秘書Aが，来客や上司に対して行ったことである。中から<u>不適当</u>と思われるものを一つ選びなさい。

1）いつもコーヒーをブラックで飲む客には，ソーサーにスプーンを載せずに出した。

2）予約客を応接室に通したときお茶を出したが，長く待たせたので，上司に出すとき客のお茶も替えた。

3）上司に午後お茶を出したとき，取引先からもらった菓子があったので，まず菓子を出して次にお茶を出した。

4）終業時間後に訪れた顔見知りの客には，これからすぐに上司と外出すると言われたので，お茶は出さなかった。

5）初めての客が数人で訪れたとき，上位者が誰か分からなかったが，年長に見える人が入り口近くに座ったので，その人から順にお茶を出した。

17 難易度ランク ★★★★ ✓CHECK! ☐☐☐

次は秘書Aが，後輩に注意するときや注意した後に心がけていることである。中から<u>不適当</u>と思われるものを一つ選びなさい。

1）注意するときは相手の気持ちを考えて，優しい口調でするようにしている。

2）注意したことが改善されたと分かったときは，すぐに褒めるようにしている。

3）一度注意したことでも改善されていなければ，繰り返し注意するようにしている。

4）注意したときに相手が不満そうな顔をしたときは，相手の言い分も聞くようにしている。

5）注意したいことがあったとき，その場ですぐしてよいかを考えてからするようにしている。

18 難易度ランク ★★★　　　　　　　　　✓CHECK! ☐☐☐

部長秘書Aは，上司の指示で新発売の事務機器説明会に行ってきた。次は説明会から戻ったAが，上司に対して順に行ったことである。中から不適当と思われるものを一つ選びなさい。

1）戻ってすぐに，Aが留守にしたことで何か不便はなかったかと尋ねた。

2）どういう会社の人が何人ぐらい来ていたかなど説明会の概況を，感想を交えて説明した。

3）新発売機器のパンフレットを見せて，強調されていた特長を聞いた通りに説明した。

4）会場で出会った数人の取引先の人から，部長によろしくと言われたことを全部伝えた。

5）上司からパンフレットを返されたので，担当者に渡してよいかと確認した。

19 難易度ランク ★★　　　　　　　　　　✓CHECK! ☐☐☐

秘書Aは，先輩Cの結婚披露宴に上司や同僚と共に招待された。次はそのときAが行ったことである。中から不適当と思われるものを一つ選びなさい。

1）テーブルには上司や同僚の他にCの友人も同席していたので，友人にも祝いの言葉を述べて歓談した。

2）Cに仕事のことで伝言があったので，祝いの言葉を述べに行ったとき周囲に分からないようにして伝えた。

3）上司や同僚，Cの家族や友人などの誰に対しても，あいさつの言葉は「本日はおめでとうございます」にした。

4）Cの家族があいさつに来たとき，お祝いの言葉を述べた後，後輩としていつもお世話になっていると礼を言った。

5）宴席は華やかな場で出席者も華やいでいるので，それに合わせて普段の仕事のときとは違う話し方や振る舞いをした。

20

難易度ランク ★★★

秘書Aは上司との面談を終えて帰った客から，受付の傘立てに傘を忘れたので駅まで届けてもらえないかと電話で頼まれた。Aが急いで届けると，「ありがとう。忙しいのに申し訳なかった」と言われた。このような場合Aは，礼を言われたことに対してどのように言うのがよいか。次の中から不適当と思われるものを一つ選びなさい。

1）「近くのことですので何でもないことでございます」
2）「とんでもないことです。次のご予定には間に合いますか」
3）「いいえ，私は秘書として当たり前のことをしたまでです」
4）「こちらこそ，気が付きませんで申し訳ございませんでした」
5）「大したことではありませんから，お気になさらないでくださいませ」

21

難易度ランク ★★★

営業部で部長秘書を兼務しているAは上司の指示で，得意先のT氏にパンフレットを届けて新製品の説明をしてくることになった。そこでT氏を訪ねたところ取り次ぎの人から，「外出しているが，このことは分かっているのですぐに戻るはず」と言われた。が，30分待ったがT氏は戻らない。この場合Aは，取り次ぎの人にどのように対応するのがよいか。次の中から適当と思われるものを一つ選びなさい。

1）出直すのでT氏の都合を確認して連絡をもらいたい，と頼んで名刺を渡す。
2）T氏が忙しいのなら，他の人に説明させてもらいたいがそれでよいかと尋ねる。
3）他の用事を済ませてからまた来るので，T氏に連絡しておいてもらいたいと頼む。
4）名刺とパンフレットを預け，後でT氏に伝えてもらいたいと言って新製品の説明をする。
5）改めてこちらから連絡するがT氏に渡してもらいたいと言って，パンフレットと名刺を渡す。

22 難易度ランク ★★★　　　　　　　　✓CHECK! □□□

　　　次は仏式の葬儀で焼香するときの，一般的なマナーについて述べたものである。中から<u>不適当</u>と思われるものを一つ選びなさい。

1）焼香の順番はあらかじめ受付で聞いておく。
2）焼香の前後には喪主や遺族に一礼する。
3）焼香台の前に立ったら遺影や位牌（いはい）に向かって合掌する。
4）合掌するときは数珠を手にかけてするのがよい。
5）焼香台の前に手荷物を置く台があるときは，使ってもよい。

23 難易度ランク ★★★　　　　　　　　✓CHECK! □□□

　　　製造部長秘書Aは，上司の工場視察に同行した。次はそのときAが行ったことである。中から<u>不適当</u>と思われるものを一つ選びなさい。

1）タクシーに乗ったとき，上司は運転手の後ろの席，Aはその隣（助手席の後ろの席）に座った。
2）新幹線の乗車待ちの列では，座席を案内するため，Aは上司の前に並んだ。
3）新幹線（二人席）では，上司は窓側，Aはその隣に座った。
4）駅まで迎えに来てくれた工場長が運転する車では，上司は助手席，Aはその後ろに座った。
5）工場長が工場内を案内してくれたとき，上司は工場長と並んで歩き，Aは上司の後ろを歩いた。

技　能

24 難易度ランク ★　　　　　　　　　　✓CHECK! ☐☐☐

秘書Aは上司から，「社外の人を招いて会議を行うので準備をするように」と指示された。次はこのときAが行ったことである。中から<u>不適当</u>と思われるものを一つ選びなさい。

1）上司に会議室の席順を確認し，机上に置く名札を用意した。
2）当日の出欠確認がしやすいように，出席予定者の名簿を作成した。
3）会議の資料は，事前に配布するのか当日配布するのかを確認した。
4）会議が長引くことを考えて，会議室は予定よりも長い時間予約しておいた。
5）出席者に社外から連絡を取りやすいように，案内状に会議室の内線番号を入れた。

25 難易度ランク ★★　　　　　　　　　✓CHECK! ☐☐☐

次はデータと，それを見やすいグラフにしたものとの組み合わせである。中から<u>不適当</u>と思われるものを一つ選びなさい。

1）今年度支店別社員数　　　＝　帯グラフ
2）製品別売上高の構成比　　＝　円グラフ
3）年代別社員平均給与額　　＝　棒グラフ
4）部署別年間時間外手当額　＝　棒グラフ
5）月別問い合わせ件数の推移　＝　折れ線グラフ

26 難易度ランク ★　　　　　　　　　　✓CHECK! ☐☐☐

次は電子メールについて述べたものである。中から<u>不適当</u>と思われるものを一つ選びなさい。

1）メールは伝える手段としては便利だが，形式を問われる改まった文書には不向きである。
2）メールは，その相手だけでなく関係者などにもメールのコピーを

同時に送ることができる。

3）受信したメールに添付されているデータで心当たりのないものは，開かないようにするのがよい。

4）メールは必要に応じてすぐに送れるので，相手の都合を急いで確認したいときなどに使うとよい。

5）相手に特定のホームページを参照してもらいたいときは，メール本文にＵＲＬを記載しておくとよい。

＊「ＵＲＬ」とは，インターネット上の情報の場所を示すもの。

27 難易度ランク ★ ✓CHECK! ☐☐☐

秘書Ａは上司から法令関係の本を渡され，最新版が出ていたら買っておいてもらいたいと指示された。この場合，渡された本の発行日を確認するにはどこを見ればよいか。次の中から**適当**と思われるものを一つ選びなさい。

1）凡例
2）索引
3）奥付
4）総目次
5）見出し

28 難易度ランク ★★★ ✓CHECK! ☐☐☐

次は秘書Ａが書いた，横書き文書の一部である。中から下線部分の数字の書き方が**不適当**と思われるものを一つ選びなさい。

1）期間は<u>四，五日</u>の予定です。
2）<u>第3者委員会</u>より報告があります。
3）<u>100万円未満</u>の金額は切り捨てとする。
4）<u>正月三が日</u>は休業させていただきます。
5）添付した資料について<u>一通り</u>説明いたします。

難易度ランク ★★★　　　　　　　　　　　　✓CHECK! ☐☐☐

29 次は秘書Aが行った郵送方法である。中から<u>不適当</u>と思われるものを一つ選びなさい。

1）出版社に原稿を送るとき，「簡易書留」にした。
2）6万円分の商品券を送るとき，「一般書留」にした。
3）祝賀会の招待状を100通送るとき，「料金別納郵便」にした。
4）上司から急いでいると言われて封書を送るとき，「速達」にした。
5）回収率10％程度のアンケートを送るとき，返信用封筒は「料金受取人払」にした。

難易度ランク ★★★★　　　　　　　　　　　✓CHECK! ☐☐☐

30 秘書Aの上司（部長）は今日，業界団体主催の研究会に出席することになっていたが，急な部長会議が入り出席できなくなった。Aは上司から，課長に代わりを頼むよう指示された。次はこのことについてAが順に行ったことである。中から<u>不適当</u>と思われるものを一つ選びなさい。

1）課長に，上司からの指示を伝え，出席できるか確認した。
2）上司に，研究会の資料があれば課長に渡そうかと尋ねた。
3）研究会の事務局に，課長が出席することになったと言って，名簿と名札の変更をお願いした。
4）課長に，業界団体の研究会についてAが知っていることを話した。
5）課員に二人のスケジュール変更をメールで連絡し，係長には口頭でも伝えた。

難易度ランク ★　　　　　　　　　　　　　　✓CHECK! ☐☐☐

31 次は秘書Aが，上司の指示で社内の部署へ取りに行った資料とその部署名の組み合わせである。中から<u>不適当</u>と思われるものを一つ選びなさい。

1）大口得意先一覧　　──　　営業部

2）取締役会議事録 ── 広報部
3）交際費支出状況 ── 経理部
4）市場調査レポート ── 企画部
5）初任者研修計画書 ── 人事部

記述問題

マナー・接遇

32 難易度ランク ★★　　　　　　　　　　　✓CHECK! □□□

　次は，秘書Aが来客にお辞儀をしている絵である。受付にいる先輩が困った顔をして見ているが，それはAのお辞儀がきちんとしていないからである。このような場合，どのようにすればきちんとしたお辞儀になるか。箇条書きで四つ答えなさい。

33 難易度ランク ★★★★　　　　　　　　　　✓CHECK! □□□
　　　G商事営業部の秘書Aが受付前を通りかかると，来客が一人で立っていた。受付に係の者がいないので，受け付けをする前なのか取り次ぎを待っているのか不明である。このような場合Aは来客に，用件は聞いているかと尋ねることになるが，どのように声をかけるのがよいか。その言葉を「　　」内に答えなさい。

「

」

技　能

34 難易度ランク ★★★　　　　　　　　　　✓CHECK! □□□
　　　次のそれぞれは社外文書の一部である。下線部分を適切な言葉に直して答えなさい。

1）努力 する 所存でございます。

2）取り急ぎ，用件 だけ 申し上げます。

3）御礼 を兼ねて ごあいさつ申し上げます。

4）どうか 一層のご支援を賜りますよう，お願い申し上げます。

1）_____

2) _____

3) _____

4) _____

35 難易度ランク ★★★ ✓CHECK! ☐☐☐

次は秘書Aが，郵送しようとして書いた封筒の表の一部である。
枠内の下線部分に入る適切な用語を漢字2文字で答えなさい。

1) 上司の恩師である田中良子氏に，上司が同窓会で撮った「写真」
を送るとき。

```
田中良子先生
        写真_____
```

2) 実家の「吉田宅」に帰省している先輩の松井みどりさんに，書類
を送るとき。

```
吉田_____
松井みどり様
```

3）Wホテル1340号室に「滞在」している山田一郎部長に，資料を
　　送るとき。

```
Wホテル　フロント＿＿＿＿＿＿＿
1340号室
山田一郎様
```

4）㈱ＡＢＣ商事の中村和夫総務部長に，「本人に直接開封してもら
　　いたい」資料を送るとき。

```
株式会社ＡＢＣ商事
総務部長 中村和夫様

　　　　　＿＿＿＿＿
```

1）＿＿＿＿＿＿＿＿＿＿＿＿＿＿　　3）＿＿＿＿＿＿＿＿＿＿＿＿＿＿＿

2）＿＿＿＿＿＿＿＿＿＿＿＿＿＿　　4）＿＿＿＿＿＿＿＿＿＿＿＿＿＿＿

（第131回　終わり）

必要とされる資質

1　秘書Aは上司から，新人Bが秘書業務をよく理解していないようなので教えておくようにと言われた。次はそのとき，AがBに教えたことである。中から**不適当**と思われるものを一つ選びなさい。

1）上司の身の回りの世話や，上司の健康に気を配ることも秘書の仕事である。
2）秘書業務には秘書の人柄が反映されるので，人柄をよくする努力が必要である。
3）秘書業務は上司のためにするのだから，何事も上司の好みに合わせる必要がある。
4）上司の代わりにするような仕事もあるので，信頼される人にならないといけない。
5）上司と秘書の相互理解が求められるので，上司にも秘書の性格を理解してもらう必要がある。

2　秘書Aは上司が電話で，友人と今日の昼食の約束をしているのを耳にした。このような場合，行き先は近くの店と大体決まっているが，戻ってくるのはいつも1時半過ぎである。今日は1時半に来客の予定が入っている。この場合Aは，上司に対してどのような配慮をする必要があるか。次の中から**不適当**と思われるものを一つ選びなさい。

1）1時半に来客があることを伝えて，予定通りでよいか確認しておく。
2）上司が出かけるとき，1時半に来客の予定が入っているのでよろしくと言う。
3）戻りは何時ごろになるかを尋ねて，1時半に来客の予定が入っていると念を押す。
4）上司が戻る前に客が来たら，どのように言って待ってもらえばよいか確認しておく。

5）1時半近くになっても戻らないとき連絡できるように，携帯電話を持っていくようお願いする。

3 難易度ランク ★ ✓CHECK! ☐☐☐

秘書Aの上司は仕事の期日を忘れてしまうことがある。今日も頼まれていた原稿の催促があり上司に確かめると，まだ手を付けていないと言う。今後このようなことをなくすには，Aはどのようにすればよいか。次の中から**適当**と思われるものを一つ選びなさい。

1）期日が近づいても手を付けていないときは，改めて上司に期日を伝える。

2）上司には実際より早めの期日を伝え，予定表にも早めの期日を記入しておく。

3）上司への依頼を受けるときは，期日に少し余裕を持たせてもらいたいと相手に頼んでおく。

4）期日に間に合いそうもないときは，相手に連絡していつまでなら待ってもらえるかを確認する。

5）期日が近づいても手を付けていないときは，相手に連絡して上司に催促してもらいたいと頼む。

4 難易度ランク ★★★　　　　　　　　　　✓CHECK! ☐☐☐

秘書Ａは常務室から戻った上司（部長）から，「考えなければならないことができた。しばらく私は席にいないことにしておいてもらいたい」と言われた。次はこのときＡが行ったことである。中から<u>不適当</u>と思われるものを一つ選びなさい。

1）上司につないでもらいたいと内線電話をかけてきた常務に，つなぐ前に，用件は先ほどの続きかと尋ねた。
2）上司の家族からの電話に，すぐには取り次がず，上司の都合を聞いてくるので待ってもらいたいと言った。
3）上司宛ての紹介状を持って不意に訪れた客に，上司の在否は言わずに待ってもらい，上司の指示を仰いだ。
4）上司に見てもらいたいと資料を持ってきた他部署の部長に，自分から上司に渡しておくと言って預かった。
5）不意に来た取引先の部長に，上司は仕事が立て込んでいて会えない，課長が代わりに会うのではどうかと尋ねた。

5 難易度ランク ★★　　　　　　　　　　　✓CHECK! ☐☐☐

次は秘書Ａが，新人Ｂに教えながら会議の資料作りをしていたときに行ったことである。中から<u>不適当</u>と思われるものを一つ選びなさい。

1）一連の流れを説明しているとき，理解できたかどうかは受け答えの言葉だけでなく表情からも読み取るようにした。
2）途中で上司に呼ばれたがすぐに戻れると思ったので，資料の見本を見ているように言った。
3）会議資料の中に「秘」扱いの事項があったので，重要なことだからよく読んでおくように言った。
4）区切りが付かず昼食時間にまで作業が食い込んでしまったので，上司の許可を得て午後の開始を遅らせることにした。
5）作業が終わったとき，作業机の上が汚れていたので，拭いておくように言った。

職務知識

6 難易度ランク ★★　　　　　　　　　　　✓**CHECK!** ☐☐☐

　　　秘書Aの上司は出張中で今週は戻らない。そこへ上司が所属する業界団体から会議の案内状が届いた。出欠の連絡は事務局宛てに今週末までとなっている。その会議に上司はいつも出席していて，その日時には他の予定は入っていない。このようなことにAはどう対処したらよいか。次の中から不適当と思われるものを一つ選びなさい。

1）出張先の上司に連絡を取って確認をしてから，事務局へ出欠を連絡する。
2）事務局には「出席」と連絡し，出張先の上司には出席と返事をしたがよいかとメールしておく。
3）事務局に，上司は出張中で今週は戻らないので，出欠の連絡は来週にさせてもらえないかと頼む。
4）事務局に，一応「出席」にしておいてもらいたいと頼み，上司が戻ったら改めて連絡させてもらうと言う。
5）いつも出席している会議なのだから事務局に「出席」と連絡しておき，上司が戻ったらそのことを報告する。

7 難易度ランク ★★★　　　　　　　　　　✓**CHECK!** ☐☐☐

　　　秘書Aの上司（部長）のところに予約客が時間通りに来訪した。Aが取り次ごうとしたところ，上司は廊下で専務と立ち話をしていた。このような場合Aはどのような対処をするのがよいか。次の中から適当と思われるものを一つ選びなさい。

1）立ち話をしている二人のところに行き，上司に予約客が来訪したことを口頭で知らせる。
2）上司は専務と話しているのだから，予約客には上司が席を外しているので待ってもらいたいと頼む。
3）立ち話をしている上司に声をかけて専務から離れてもらい，予約客が来訪したと書いたメモを見せる。
4）立ち話をしている二人のところに行き，専務の手前来客のことに

は触れず，上司に話は長引きそうかと尋ねる。

5）立ち話なのですぐに戻るだろうし，上司は予約客のことを知っているはずなので，二人の様子をうかがっている。

---

8 難易度ランク ★★★　　　　　　　　　　✓CHECK! ☐☐☐

次はS社営業部長秘書Aが，受信したメールに関して行ったことである。中から不適当と思われるものを一つ選びなさい。

1）部長会議の出欠を確認するメールが退社間際に届いたが，返信期限に余裕があったので次の日に返信した。

2）取引先からの面会日時を確認する上司宛てのメールには，Aにも
＊
CCで届いていたので上司に断ってAから返信した。

3）上司にメールを送ったが返信がないという他部署の秘書からのメールには，「確認するので，同じものを私に送ってもらえないか」と返信した。

4）宛先がT社の部長秘書になっている取引先からのメールには，「送り先を間違えたのではないか。よければT社の秘書に転送しようか」と返信した。

5）「今晩営業部長と食事をしたい」と上司が言っているという他部署の部長秘書からのメールには，スケジュールを確認した後，上司に尋ねて返信した。

＊「CC」とは，電子メールで，本来の受信者以外の人にメールの写しを送ること。

---

9 難易度ランク ★★★　　　　　　　　　　✓CHECK! ☐☐☐

秘書Aが異動することになり，今の上司（部長）には後輩のEが付くことになった。次はAがEに，業務の引き継ぎの他に上司について教えたことである。中から不適当と思われるものを一つ選びなさい。

1）出身地と最終学歴。

2）上司の行きつけの店。

3）目標にしている役職。

4）時々来訪する友人の名前。

5）個人的に所属している団体。

10 難易度ランク ★　　　　　　　　　✓CHECK! □□□

秘書Aは上司から，「銀行で私の用事を済ませた後，この書類をQ社へ届けてもらいたい。3時ごろ届けると言ってある」と言われた。ところが銀行の用事に時間がかかり，3時にはQ社に行けそうもない。このような場合Aはどのように対処すればよいか。次の中から**適当**と思われるものを一つ選びなさい。

1）とにかく急いでQ社に行き，着いてから遅れた理由を話してわび，了承してもらう。

2）Q社に，「上司の銀行の用事で時間がかかり少し遅くなる」と電話をしてから向かう。

3）上司に，「銀行で時間がかかり3時には行けないので，Q社に連絡しておいてもらいたい」と頼む。

4）Q社に，「出先の都合で3時には行けそうもない」と電話でわび，了承を得てできるだけ急いで向かう。

5）遅れる理由はQ社には関係のないことなので，急いで行って理由は言わずに遅れたことをわびて書類を渡す。

一般知識

11 難易度ランク ★★　　　　　　　　✓CHECK! □□□

次は直接関係のある用語の組み合わせである。中から<u>不適当</u>と思われるものを一つ選びなさい。

1）登記　——　法人

2）株式　——　増資

3）原価　——　所得税

4）給与　——　源泉徴収

5）保養　——　福利厚生

12 難易度ランク ★★　　　　　　　　　✓CHECK! ☐☐☐
次の用語の説明の中から不適当と思われるものを一つ選びなさい。

1）「関税」とは，出入国の際に人に課される税金のことである。
2）「円高」とは，外国通貨に対して円の価値が高くなることである。
3）「貿易収支」とは，輸出入によって生じる収入と支出のことである。
4）「為替レート」とは，一国の通貨と他国の通貨との交換比率のことである。
5）「貿易摩擦」とは，輸出入の不均衡によって生じる国家間の問題のことである。

13 難易度ランク ★★　　　　　　　　　✓CHECK! ☐☐☐
次は用語とその意味（訳語）の組み合わせである。中から不適当と思われるものを一つ選びなさい。

1）デッドライン　＝　期限
2）ガイドライン　＝　指針
3）アウトライン　＝　概要
4）ライフライン　＝　目標
5）ボーダーライン　＝　境界

マナー・接遇

14 難易度ランク ★★　　　　　　　　　✓CHECK! ☐☐☐
次は山田部長秘書Ａが言った言葉である。中から言葉遣いが不適当と思われるものを一つ選びなさい。

1）上司に，「Ｐ社の近藤氏を応接室に案内した」と言うとき
　　「Ｐ社の近藤様を応接室にお通しいたしました」
2）来客に，「この資料を一通り見てもらえないか」と言うとき
　　「こちらの資料にお目通し願えませんでしょうか」
3）来客に，「向こうの受付で尋ねてくれないか」と言うとき

「あちらの受付でお尋ねくださいませんでしょうか」

4）来客に,「そんなことは上司からは聞いていないが」と言うとき
「そのようなことは山田からは聞いておりませんが」

5）上司に,「その書類は,今課長が読んでいる」と言うとき
「そちらの書類は,ただ今課長がお読みいたしております」

15 難易度ランク ★★★　　✓CHECK! □□□

次は秘書Aの上司への報告の仕方である。中から不適当と思われるものを一つ選びなさい。

1）報告することが幾つかあるときは,時間のかからないものから先にしている。
2）内容が複雑なときは図で示すなどして,それを見てもらいながら報告している。
3）外出中の電話の伝言メモは上司の机上に置いて,上司が戻ったら口頭でも報告している。
4）会議から戻り次第外出する上司への急ぎの報告事項は,メモにして出がけに渡している。
5）報告が終わったら何か不明な点はないか尋ねているが,単純な報告の場合は尋ねないでいる。

16 難易度ランク ★★★★　　✓CHECK! □□□

秘書Aは後輩Bから,「初めて取引先の祝賀パーティー（立食形式）に出席することになったが,どのようにすればよいか分からないので教えてもらいたい」と言われた。次は,そのときAが教えたことである。中から不適当と思われるものを一つ選びなさい。

1）持ち物はなるべくクロークへ預け,会場内で持つのは必要な身の回りの物だけにする。
2）会場の入り口で手渡された飲み物は,主催者のあいさつや乾杯を待たずに口を付けてよい。

43

3）空いた皿はサイドテーブルに置き，次に料理を取るときは新しい皿を使うようにする。

4）会場ではなるべく多くの人と話を交わすようにする。

5）パーティーの途中で帰るときは，主催者にあいさつしてから帰るようにする。

17 難易度ランク ★★　　　　　　　　✓CHECK! ☐☐☐

次は秘書Ａが，話をするときに心がけていることである。中から不適当と思われるものを一つ選びなさい。

1）砕けた話し方をしてもよいと思われる内容のときは，相手に応じてそのようにしている。

2）話の途中で腰を折られ本題からそれてしまったときは，自分から元へ戻すようにしている。

3）相手の年齢や親疎の差などでふさわしくないと思うことは，話題にしないようにしている。

4）話の途中でも，相手の表情や受け答えなどから興味がなさそうだと思ったら，話題を変えるようにしている。

5）難しい言葉は避けるようにしているが言ってしまったときは，その言葉の意味は分かるか尋ねるようにしている。

18 難易度ランク ★　　　　　　　　✓CHECK! ☐☐☐

秘書Ａは，取引先から会長が亡くなったとの連絡を受けた。次はそのときＡが先方に尋ねたことである。中から不適当と思われるものを一つ選びなさい。

1）葬儀の形式

2）死亡広告の有無

3）喪主の氏名と続柄

4）逝去の日時，享年

5）告別式の場所，時間

19 難易度ランク ★★★　　　　　　　✓CHECK! ☐☐☐
　　　次は秘書Aが，相手に電話をかけて上司（山田部長）に取り次ぐ
場合の代わり方である。中から不適当と思われるものを一つ選びなさい。

1）部員の携帯電話にかけるときは，電話がつながったら「ただ今よ
　　ろしいですか。部長に代わります」と言って上司に代わっている。
2）取引先の担当者にかけるとき，担当者が直接電話口に出たら「山
　　田からですがよろしいでしょうか」と言って上司に代わっている。
3）得意先のK部長にかけるときは，電話口に出た人に「部長のK様
　　をお願いします」と言って，相手が取り次いでいる間に上司に代
　　わっている。
4）支店に出張中の課長にかけるときは，課長を電話口まで呼び出し
　　てもらい「部長からですが少々お待ちください」と言って上司に
　　代わっている。
5）本部長にかけるときは，秘書の内線電話にかけて取り次ぎを頼み，
　　本部長が電話口に出たら「少々お待ちください」と言って上司に
　　代わっている。

20 難易度ランク ★★　　　　　　　✓CHECK! ☐☐☐
　　　次は秘書Aが後輩Bに，何事ももう少し丁寧にするようにと注意
したことである。中から不適当と思われるものを一つ選びなさい。

1）上司に呼ばれるなどで頻繁に席を立つ場合も，椅子は机にきちん
　　としまうこと。
2）電話応対をするときは，相手から見えなくても，姿勢を正して受
　　け答えするとよい。
3）書類の受け渡しで仕方なく片手になるときは，「片手でよろしい
　　ですか」と言うこと。
4）来客を自席で見送るときは，急ぎの仕事をしていても立ち上がっ
　　てあいさつすること。
5）来客を見送ってお辞儀をしたときは，相手が見えなくなるまで頭
　　を下げたままでいること。

21 難易度ランク ★★★　　　　　　　✓CHECK! ☐☐☐

秘書Aは，上司（販売部長）の営業所への出張に同行した。次はそのとき，営業所が手配してくれた懇親会の席でAが行ったことである。中から<u>不適当</u>と思われるものを一つ選びなさい。

1）会場の日本料理店で上司は床の間を背にした奥の席だったので，Aは上司が見える入り口に近い席に座った。
2）会が始まる前に，上司の飲み物や食べ物の好みを店の人に伝えた。
3）始まって少ししてから，「お疲れさまです」などと言いながら飲み物をついで回った。
4）終了後，上司と所長は場所を変えて話をすると言うので，自分は所員に誘われた二次会に行くと言った。
5）その日の宿泊先と明日の出発時間を書いたメモを，念のため上司に渡した。

22 難易度ランク ★★　　　　　　　　✓CHECK! ☐☐☐

次は秘書Aが，頂き物や贈り物に関して行ったことである。中から<u>不適当</u>と思われるものを一つ選びなさい。

1）取引先へ中元を贈るとき，前回，おいしかったと礼を言われたので，同じ物を手配した。
2）上司から，出張先で買ってきたという土産を渡されたとき，気を使ってもらってありがとうと言った。
3）上司から，世話になった出張先に何か礼をしておいてもらいたいと言われたとき，地元の銘菓を送った。
4）来客からもらった土産が上司の好みではなかったので，もらったことの報告はその客が帰ってからにした。
5）上司の出張中に支店から送られてきた物が日持ちのしない菓子だったので，上司から連絡が入ったとき，皆でいただいたと報告した。

23 難易度ランク ★★　　　　　　　　　✓CHECK! □□□

秘書Aは他部署の同僚Cから相談を受けた。「忙しいときに上司の許可を得て後輩Dに手伝ってもらうことがあるが，最近は不満そうな顔をされる。以前はそんなことはなかったのになぜだろうか」というものである。次はAがCに尋ねたことである。中から<u>不適当</u>と思われるものを一つ選びなさい。

1）Dの仕事の都合を尋ねてから頼んでいたか。
2）自分の仕事が一段落したのに頼んだままにしていなかったか。
3）自分がしたくない仕事ばかりを頼むようなことはなかったか。
4）終業時間間際や昼食時間にかかるような頼み方はしなかったか。
5）手伝ってもらった仕事なのにミスを注意するようなことはなかったか。

技　能

24 難易度ランク ★★　　　　　　　　　　✓CHECK! ☐☐☐

　　次は部長秘書Ａが，上司の予定表の作成やスケジュール管理に関して行っていることである。中から<u>不適当</u>と思われるものを一つ選びなさい。

1）その日の予定に変更があったときは，課長にも口頭で伝えるようにしている。
2）取引先からの面談希望があったときは，確定するまでは（仮）として記入している。
3）年間予定表は社内の誰が見ても分かるように，なるべく細かく書くようにしている。
4）月間予定表は，社内で上司の行動を知る必要がある関係者が閲覧できるようにしている。
5）個人的な予定であっても，時間によっては「外出」などと予定があることを記入している。

25 難易度ランク ★★★　　　　　　　　　✓CHECK! ☐☐☐

　　秘書Ａは上司から，「社外の人を招いて会合を開くので会場の手配をしてもらいたい」と指示された。できればホテルがよいということである。次はこのときＡが，幾つかのホテルに電話で尋ねたことである。中から<u>不適当</u>と思われるものを一つ選びなさい。

1）必要とする広さの会場はあるか。
2）希望の日時にその会場は空いているか。
3）その会場の使用料は幾らか。
4）人数の増減によって使用料は変わるか。
5）予約の確定はいつまでにすればよいか。

26 難易度ランク ★★★　　　　　　　　　✓CHECK! □□□

次は総務課の兼務秘書Ａの，文書の書き方や送り方の例である。中から<u>不適当</u>と思われるものを一つ選びなさい。

1）社長交代のあいさつ状は，頭語は「謹啓」とし，結語は「敬白」にした。

2）創立記念式典の招待状は，普通の印刷用紙ではなく，カード用紙に縦書きにした。

3）急ぎの回答状は，時候のあいさつは書かず頭語は「前略」，結語は「草々」にした。

4）本社移転のあいさつ状は，地図を載せるスペースの関係で，はがきではなく封書で送った。

5）仕事関係者の家族が逝去したことへの悔やみ状は，深く弔意を表すために丁重な前文を書いた。

27 難易度ランク ★★★　　　　　　　　　✓CHECK! □□□

秘書Ａは上司から，取引先社長の叙勲を祝う会に出席できないので祝電を打っておくようにと言われた。次は，このときＡが電報を打つために上司に確認したことである。中から<u>不適当</u>と思われるものを一つ選びなさい。

1）祝う会の日時と場所。

2）台紙の希望はあるか。

3）祝う会で披露されるのか。

4）発信人はどのようにするか。

5）文面は一般的なものでよいか。

28 難易度ランク ★★　　　　　　　　　　　　　✓CHECK! ☐☐☐

　　秘書Ａは上司から，「これをコピーして取引先のＭ氏に郵送しておいてもらいたい」と言われ，ホチキスでとじてある秘文書を渡された。次はそのときＡが順に行ったことである。中から<u>不適当</u>と思われるものを一つ選びなさい。

1）ホチキスの針を外し，コピー機の辺りに人がいないときに，ミスのないよう気を付けてコピーした。
2）コピーした文書と上司から渡された文書はそれぞれホチキスでとじ，上司からの文書はすぐ上司に返した。
3）送る文書を封筒に入れて封をし，それを別の封筒に入れて「秘」の印を押して宛名を書いた。
4）送る方法は，配達されたことが確認できる簡易書留にした。
5）文書発信簿に記録し，書留郵便物受領証は到着が確認できるまで保管しておいた。

29 難易度ランク ★　　　　　　　　　　　　　　✓CHECK! ☐☐☐

　　次は，新聞や雑誌の発行に関する用語とその説明の組み合わせである。中から<u>不適当</u>と思われるものを一つ選びなさい。

1）日刊　　＝　　毎日発行すること。
2）季刊　　＝　　１年に１回発行すること。
3）旬刊　　＝　　10日に１回発行すること。
4）月刊　　＝　　１カ月に１回発行すること。
5）隔月刊　＝　　２カ月に１回発行すること。

30 難易度ランク ★★★　　　　　　　　　　✓CHECK! □□□

次は数え方について述べたものである。中から「　」内が<u>不適当</u>と思われるものを一つ選びなさい。

1）会議室の長机は「〇本」と言うが，椅子は「〇脚」と言う。
2）新聞は，種類は「〇紙」と言うが，数量は「〇部」と言う。
3）未使用のはがきや封筒は「〇枚」と言うが，届いた物は「〇通」と言う。
4）エレベーターは，人が乗るものは「〇基」と言うが，貨物用のものは「〇台」と言う。
5）電話機のことは「〇台」と言うが，電話をかけたり取ったりすることは「〇本」と言う。

31 難易度ランク ★★　　　　　　　　　　✓CHECK! □□□

秘書Aの上司は，社外の人を招いて昼食を挟む会議を行うことがある。次はAがその通知状などを作成するとき，内容に間違いや漏れがないか気を付けていることである。中から<u>不適当</u>と思われるものを一つ選びなさい。

1）開催日時と曜日。
2）担当者名と電話番号。
3）会場の交通案内と略図。
4）昼食の「要・不要」記入欄。
5）会議資料名（資料を同封する場合）。

記述問題

マナー・接遇

32 難易度ランク ★★★★ ✓CHECK! □□□

次の「　」内は弔電の文例である。下のそれぞれの場合，（　　）内にどのような言葉を入れればよいか。その言葉を漢字2文字で答えなさい。

「ご（　　　　）様のご逝去を悼み，謹んでお悔やみ申し上げます」

1) 奥様が亡くなった人に
2) お父様が亡くなった人に
3) お母様が亡くなった人に

1）ご（　　　　　　　　　）様

2）ご（　　　　　　　　　）様

3）ご（　　　　　　　　　）様

33 難易度ランク ★★★ ✓CHECK! □□□

秘書Aの上司のところに，予約のない客が訪ねてきた。次はこのときの応対の一部である。下線部分に入る適切な言葉を，（　　）内の指示に従って答えなさい（答えは重複しないようにすること）。

来客：「山田部長さんはいらっしゃいますか」

Ａ　：「＿＿＿＿＿①＿＿＿＿＿部長の山田は＿＿＿＿②＿＿＿＿」

　　　　（残念だが山田部長は今日外出していると言うときの言葉）

来客：「ごあいさつに伺ったのですが，また出直しますとお伝えください」

A ：「かしこまりました。

_____③_____が，_____④_____」

（すまないが，名刺をもらいたいと言うときの言葉）

① _____

② _____

③ _____

④ _____

技　能

34 難易度ランク ★★★ ✓CHECK! ☐☐☐

次は，手紙を書くときに用いられる時候のあいさつの一部である。一般的には何月に使うか。（　　）内に数字で答えなさい。

1) 立秋とは名ばかりの暑さで （　　　）月

2) 暮れも押し迫ってまいりましたが （　　　）月

3) 風薫る爽やかな季節となりましたが （　　　）月

4) お健やかに新春をお迎えのことと存じます （　　　）月

35 難易度ランク ★★　　　　　　　　　　　　　　　✓CHECK! ☐☐☐

次は，令和4年度U社製品別売上高の構成比率を表にしたもので
ある。これを分かりやすい円グラフにしなさい（定規を使わずに書いてよい。
分割の大きさは目分量でよい）。

X製品	Y製品	Z製品	その他
10%	45%	30%	15%

（第130回　終わり）

秘書検定 2 級

第 **129** 回

問題

試験時間 **120** 分

必要とされる資質

難易度ランク ★★★　　　　　　　　✓CHECK! □□□

1　次は秘書Aが外から会社へ電話をしたとき，電話に出た同僚に頼んだことである。中から**不適当**と思われるものを一つ選びなさい。

1）風邪のため欠勤することを伝えようと電話をしたとき，上司に代わってもらった。
2）家の都合で出社が午後になることを伝えようと電話をしたとき，上司に伝えてもらいたいと頼んだ。
3）上司から指示された仕事が終わり直帰することを伝えようと電話をしたとき，上司に代わってもらった。
4）通勤途中，電車の遅延で出社が少し遅れることを伝えようと電話をしたとき，上司に伝えてもらいたいと頼んだ。
5）上司から頼まれた買い物に時間がかかり，戻るのが遅くなることを伝えようと電話をしたとき，上司に伝えてもらいたいと頼んだ。

難易度ランク ★　　　　　　　　　✓CHECK! □□□

2　秘書Aは上司（部長）から，「本部長秘書Fが退職することになった。後任が決まるまでの間，本部長秘書を兼務してもらいたい」と言われた。Aは，本部長からあまり気に入られていないと感じている。このような場合の上司への対応について，次の中から**適当**と思われるものを一つ選びなさい。

1）自分はFのようなサポートはできないかもしれないが，できるだけの努力はすると言う。
2）後任が決まるまでのことだから，今まで通りの自分のやり方でよければ兼務すると言う。
3）自分は本部長に気に入られていないようなので，他の秘書の方がよいのではないかと言う。
4）兼務はするが一人では十分なことができないので，それを承知してくれるよう本部長に頼んでもらえないかと言う。
5）本部長の望むようなサポートはできそうもないが，それでよいなら引き受けると本部長に話しておいてもらいたいと言う。

3 難易度ランク ★　　　　　　✓CHECK! □□□

秘書Aの上司（部長）は，「留守中に課長が出張精算書を持って
くるので，私の印を押しておいてもらいたい」と言って印鑑を置いて外出した。
そこへ，課長が精算書を持ってきたが，「印鑑を預かっているなら急ぐのでこ
れも一緒に」と言って取引先への報告書を出してきた。次はこのときAが課
長に対応したことである。中から<u>不適当</u>と思われるものを一つ選びなさい。

1）「精算書には押すが，報告書は預かって上司の了承を得てからで
　　よいか」と尋ねる。
2）「精算書については聞いているので印を押すが，報告書はいつま
　　でに必要か」と尋ねる。
3）「精算書には押すが報告書の方は分からないので，上司が戻るま
　　で待ってもらえないか」と尋ねる。
4）「印を押すように言われているのは精算書だけだが，報告書は部
　　長の了承を得ているのか」と尋ねる。
5）「両方とも押すが報告書のことは聞いていないので，課長の指示
　　で押したと部長に伝えてもらえるか」と尋ねる。

4 難易度ランク ★　　　　　　✓CHECK! □□□

営業課員Aは秘書課に異動することになった。そこでAは，自分
がこれからする秘書の仕事に，今までの経験を生かしてみようと次のように
考えた。中から<u>不適当</u>と思われるものを一つ選びなさい。

1）電話や来客の応対で話をするときは，はきはきした話し方を心が
　　けよう。
2）体を動かしてする仕事のときは，てきぱきした動作ですることを
　　心がけよう。
3）仕事は固定観念にとらわれず，営業課の仕事の仕方も取り入れて
　　自由にやってみよう。
4）仕事を教えてもらうときは謙虚に受けるが，気付いたことがあれ
　　ば遠慮なく提案しよう。
5）何をするときも上司の仕方に合わせるが，効率的な方法がないか
　　常に考えるようにしよう。

5 難易度ランク ★★★　　　　　　　✓CHECK! ☐☐☐

秘書Aの上司（部長）のところへ，取引銀行のW支店長が着任のあいさつに来訪した。上司は応接室で来客と面談中である。そこへ常務から電話が入り，急用なので部長に来てもらいたい，時間は取らせないと言う。次はこのときAが行った一連の対処である。中から不適当と思われるものを一つ選びなさい。

1）常務に，部長は来客中だがすぐに伝えると言って電話を切り，W支店長には待ってくれるよう頼んだ。

2）応接室にいる部長に，常務の呼び出しとW支店長の着任あいさつの件をメモで伝えた。

3）応接室から出てきた部長に，どのようにするか指示を仰いだ。

4）部長が，常務のところにはすぐ行く，W支店長の方はよろしく頼むと言ったので，承知したと言った。

5）部長に言われた通りに，自分が代わりにW支店長のあいさつを受けた。

職務知識

6 難易度ランク ★　　　　　　　✓CHECK! ☐☐☐

秘書Aは，秘書を対象とした研修会に参加した。次はそのとき話題になった，参加者それぞれの上司の指示の仕方と秘書の対応である。中から不適当と思われるものを一つ選びなさい。

1）はっきりと指示しないので，自分の方からこうするのですねなどと言って確認している。

2）いつも期限を言わずに指示をするので，指示を最後まで聞いたら必ず期限を確かめている。

3）どの仕事も急ぎと指示するので，仕事が立て込んでいるときは期限を延ばしてくれるよう申し出ている。

4）指示をするとき，以前あったミスを持ち出して注意を促すので，前にも注意されたので大丈夫と言っている。

5）終業時間間際に指示することがあるので，定時に退社したいとき
　　は，そのことを伝えて早めの指示をお願いしている。

---

7 難易度ランク ★★★

営業部長秘書Aは，事情があって数日休暇を取ることになった。
次はそのときAが行ったことである。中から<u>不適当</u>と思われるものを一つ選
びなさい。

1）休暇中の秘書業務については課長に相談して後輩Bに頼むことに
　　し，そのことを上司に伝えた。
2）休暇中にしてもらうことをメモしてBに渡し，同じ内容のメモを
　　上司にも渡した。
3）課長に，上司への秘書業務に手抜かりがないようBに言っておい
　　てもらいたいとお願いした。
4）上司のスケジュールをBに引き継ぐとき，上司の私的な予定も伝
　　えておいた。
5）Bに，休暇中に急ぎの連絡があればと言って，自分の携帯電話の
　　番号を教えた。

---

8 難易度ランク ★★

次は秘書Aが，上司の出張の準備をするときに行っていることで
ある。中から<u>不適当</u>と思われるものを一つ選びなさい。

1）仮払金を経理課に申請するときは，上司が使いやすいように千円
　　札も入れておいてもらいたいと頼んでいる。
2）仮払金や切符は金庫で預かっておき，出張日が近づいたら上司に
　　いつ渡せばよいか尋ねている。
3）帰りの航空便の手配でその日全ての便が満席のときは，翌朝一番
　　の便を取って上司に報告している。
4）上司が希望するホテルが満室のときは，近くの同じランクのホテ
　　ルを調べ上司に選んでもらっている。

5）持って行く資料が多そうなときは，送れるものは事前にホテルへ送っておこうかと上司に尋ねている。

9 難易度ランク ★★　　　　　　　　✓CHECK! ☐☐☐

営業部長秘書Aは上司から，「取引先U社のT部長が異動で地方の支店に行くと聞いたので確認しておくように」と指示された。次はこれについてAがU社に尋ねたことである。中から<u>不適当</u>と思われるものを一つ選びなさい。

1）新しい役職名
2）歓送会の日時
3）支店名と連絡先
4）支店への転出日
5）後任者と着任日

10 難易度ランク ★★★　　　　　　　✓CHECK! ☐☐☐

秘書Aは上司から，取引先に対して書いた手紙の下書きを渡され，清書して出しておくようにと言われた。読んでみると怒って感情的になって書いたようで，このまま出してよいとは思えない内容である。このような場合，Aはどのように対処するのがよいか。次の中から**適当**と思われるものを一つ選びなさい。

1）清書するときに，相手に失礼な言葉を失礼にならないように書き換えて出す。
2）上司から指示されたことなので，余計なことを考えずにそのまま清書して出す。
3）しばらく間を置いてから，「清書したがこれでよいか」と上司に見せて確かめる。
4）上司に，「一時の感情でこのような内容の手紙を出すのはよくないのではないか」と言う。
5）二，三日後に，「出すのを忘れてしまって申し訳ない」と謝り，どうするかと言って指示を得る。

一般知識

11 難易度ランク ★★★　　　　　　　　　✓**CHECK!** ☐☐☐
次の用語の説明の中から<u>不適当</u>と思われるものを一つ選びなさい。

1)「アウトソーシング」とは，社内業務の一部を外部に委託することである。

2)「依願退職」とは，会社が経営悪化などを理由に退職者を募ることである。

3)「出向」とは，会社から命令を受けて，籍を変えずに他の会社で働くことである。

4)「ヘッドハンティング」とは，他の会社などから有能な人材を引き抜くことである。

5)「ワークシェアリング」とは，一人当たりの労働時間を短縮し，より多くの人で仕事を分け合うことである。

12 難易度ランク ★★★ ✓**CHECK!** □□□

次の「　」内は下のどの用語の説明か。中から**適当**と思われるものを一つ選びなさい。

「欠陥のある製品を生産者が回収し，無料で修理すること」

1）リリース
2）リユース
3）リコール
4）リカバリー
5）リニューアル

13 難易度ランク ★★ ✓**CHECK!** □□□

次は用語とその意味（訳語）の組み合わせである。中から<u>不適当</u>と思われるものを一つ選びなさい。

1）ツール 　　　＝　道筋
2）メソッド 　　＝　方法
3）セクション 　＝　部門
4）コンセプト 　＝　概念
5）クオリティー ＝　品質

マナー・接遇

14 難易度ランク ★★★　　　　　　　　　　✓CHECK! ☐☐☐

　次は秘書Aが，上司に連絡するときに心がけていることである。中から<u>不適当</u>と思われるものを一つ選びなさい。

1）特に急ぐ必要のない連絡事項は，頃合いを見て伝えるようにしている。

2）連絡事項を全て伝え終えたら，「以上でございます」と言うようにしている。

3）連絡事項を伝えるときは，「ただ今お時間はよろしいでしょうか」と了解を得るようにしている。

4）留守中に入った連絡事項は，伝える前に「お留守中にご連絡がございました」と言うようにしている。

5）連絡事項を伝えた後，伝えた内容を確認するために「ご質問はおありでしょうか」と言うようにしている。

15 難易度ランク ★★★　　　　　　　　　　✓CHECK! ☐☐☐

　秘書Aの上司（営業部長）は，得意先の担当者とその上役を接待することになった。次はそのことについてAが行ったことである。中から<u>不適当</u>と思われるものを一つ選びなさい。

1）得意先の上役に電話をして，接待のことを伝えて二人の都合を尋ねた。

2）得意先の担当者に，上役の食事の好みを尋ねた。

3）店の候補には気安い店より高級感のある店を挙げて，上司に決めてもらった。

4）帰りの車の手配については，あらかじめ店に依頼しておいた。

5）手土産は，個人が好む物や家族に喜ばれる物を用意した。

16 難易度ランク ★

　　秘書Aは社外のマナー研修会に参加した。そのとき講師が,「ペットボトルの飲み物を出すとき,どのような出し方をしているか」と参加者に尋ねた。次は参加者たちが答えたことである。中から不適当と思われるものを一つ選びなさい。

1) 部内会議のときは,ペットボトルのお茶を一人1本ずつ配っている。

2) 来客に冷たい飲み物を出すときは,ペットボトルからグラスに注いで出すことがある。

3) 昼食を挟む会議のときは,弁当と一緒にペットボトルのお茶と紙コップを出している。

4) 社内研修会のときは,休憩時間用に数種類のペットボトルと紙コップを後ろのテーブルに置いている。

5) 社外の人も出席する会議のときに一人1本ずつ出すことがあるが,手抜きと思われないようふたを開けてコースターの上に置いている。

17 難易度ランク ★★★

　　次は営業部の兼務秘書Aが,名刺交換をするときに行っていることである。中から不適当と思われるものを一つ選びなさい。

1) 名刺を相手に渡すときは,右手で縁を持ち左手を添えて渡している。

2) 相手の名前の読み方が分からないときは,その場で尋ねて確認している。

3) 相手が多人数のときは,あらかじめ自分の名刺を名刺入れの下に数枚出しておくようにしている。

4) 相手との距離が離れているときは自分から前へ出て,椅子や机を間に挟まないところで交換している。

5) 相手が名刺を切らしていると言ったときは,次回の面談で交換させてもらいたいと言うようにしている。

18 難易度ランク ★★★ ✓CHECK! ☐☐☐

次は部長秘書Aが，予約客（E氏）を迎えたときの一連の行動である。中から<u>不適当</u>と思われるものを一つ選びなさい。

1）受付からE氏来訪の連絡が入ったので，エレベーターで5階に上がるよう伝えてもらった。
2）上司にE氏が来訪したとだけ伝え，エレベーターの方へ小走りで向かった。
3）エレベーター前には既にE氏が立っていたので，待たせたことをわび応接室に案内すると言った。
4）案内の途中で課長に呼び止められたので，聞かれたことを手短に答えた。
5）応接室に入ると上司が待っていてすぐにE氏と話し始めたので，Aは黙って会釈をして退出した。

19 難易度ランク ★ ✓CHECK! ☐☐☐

次は秘書Aが，取引先などへのお祝いについて日ごろから心がけていることである。中から<u>不適当</u>と思われるものを一つ選びなさい。

1）祝い状は，祝いの品が先方に届く日を確認して，その後に届くように送っている。
2）今後の参考のため，贈り先別にいつ何を贈ったかを記録しておくようにしている。
3）急に祝い金を包むことになったときに備え，新券を用意しておくようにしている。
4）祝儀袋は，水引がちょう結びと結び切りの2種類を用意しておくようにしている。
5）賀寿などのために，取引先の役員の生年月日は知り得たら控えるようにしている。

20 難易度ランク ★★ ✓CHECK! ☐☐☐

次は秘書Aが行っている，不意の来客への応対である。中から
不適当と思われるものを一つ選びなさい。

1）上司が会うと言ったときは，応接室に案内してお茶を出している。
2）上司が外出中のときは，外出の理由と戻る時間を伝えて出直して
　もらっている。
3）上司が会わないと言ったときは，忙しくて会えないと言って帰っ
　てもらっている。
4）上司に他の予定が入っているときは，急ぎの用件か代理ではどう
　かなどを尋ねている。
5）紹介状を持ってきた客にはその場で待ってもらい，紹介状を上司
　に渡して取り次いでいる。

21 難易度ランク ★★★★ ✓CHECK! ☐☐☐

秘書Aの上司（山田部長）は急に外出することになり，予定され
ていたY氏との面談ができなくなった。Aは上司から，Y氏に連絡し，よく
わびて面談の延期を頼むことと，来週の都合のよい日時を聞いておくように
との指示を受けた。次はAが電話で名乗ってからY氏に順に言ったことであ
る。中から言葉遣いが不適当と思われるものを一つ選びなさい。

1）「急なことで誠に申し訳ございませんが，本日のお約束を延期さ
　せていただきたいのですが」
2）「実は山田が急用で外出することになり，お約束のお時間にお会
　いすることができなくなりました」
3）「山田も大変申し訳ない，くれぐれもよろしくと申しておりました」
4）「来週改めてお目にかかりたいと申しておりますので，よろしけ
　ればご都合のよい日時を二,三お聞かせいただけませんでしょう
　か」
5）「急なご要望にもかかわらずお聞き入れしてくださり，ありがと
　うございました」

22 難易度ランク ★ ✓CHECK! ☐☐☐

秘書Aは，自社の創立20周年記念祝賀パーティーで来賓受付を担当することになった。次は，受付を担当するメンバーで，当日の服装について話し合ったことである。中から**適当**と思われるものを一つ選びなさい。

1）来賓受付だから，来賓に敬意を表す意味で高級なスーツがよいのではないか。
2）パーティーの来賓受付だから，普段より派手な感じの服装がよいのではないか。
3）パーティーといっても会社の記念行事だから，改まった感じの服装がよいのではないか。
4）パーティーの後は職場に戻って片付け事をする予定だから，普段と同じでよいのではないか。
5）スタッフとして受付を担当するのだから，なるべく地味で目立たない服装がよいのではないか。

23 難易度ランク ★ ✓CHECK! ☐☐☐

次は，秘書Aが電話応対について新人秘書に教えたことである。中から<u>不適当</u>と思われるものを一つ選びなさい。

1）伝言を受けたときは内容を復唱し，自分の名前を名乗って確かに伝えると言うようにすること。
2）待ってもらう時間が長くなりそうなときは，こちらからかけ直すと言って切るようにすること。
3）間違い電話がかかってきたときは，間違いのようだと言ってこちらの番号を言ってあげるようにすること。
4）受けた伝言の内容が複雑なときは，伝言ではなく直接本人に話した方がよいのではないかと言うようにすること。
5）こちらからかけた電話が途中で切れてしまったときは，原因が相手のミスであってもこちらからかけ直すようにすること。

技　能

24 難易度ランク ★★　　　　　　　　　　　　　　✓CHECK! □□□

　秘書Aは，上司が受け取った名刺の整理を名刺整理箱で行っている。次はその整理の仕方である。中から不適当と思われるものを一つ選びなさい。

1）部署や役職などの変更が分かったら，名刺に書き入れている。
2）名刺には，受け取った日付と用件などをメモして収納している。
3）使わなくなった名刺は，専用の保管ケースに別に収納している。
4）同じ人から再度名刺を受け取ったら，古い名刺と差し替えている。
5）上司の友人などの私的な名刺は，仕事上の名刺とは別に保管している。

25 難易度ランク ★★★　　　　　　　　　　　　　✓CHECK! □□□

　秘書Aの上司は，取引先十数社から担当者を招いて上司主催の会議を開いた。次はそのときAが行ったことである。中から不適当と思われるものを一つ選びなさい。

1）開始時間に遅れて来る出席者は，何分までなら会場に入れてよい

かを上司に確認した。

2）出席者には，「本日はお忙しいところをありがとうございます」
とあいさつした。

3）資料は事前に送付したが，忘れてきた人がいたので予備の資料を
渡した。

4）開始時間近くになってもまだ来ていない出席予定者の会社に，会
社を出ているか確認の電話をした。

5）開始時間直前になってもまだ来ていない出席予定者名を，会社名
とともに上司に知らせた。

26 難易度ランク ★★★★　　　✓CHECK! □□□

次は秘書Ａが，上司宛ての郵便物を受け取ったときに行っている
ことである。中から不適当と思われるものを一つ選びなさい。

1）上司宛てでも内容によっては，担当者に直接渡している。

2）開封した郵便物は，文書と一緒に封筒も付けて上司に渡している。

3）必要ないと思われるダイレクトメールは，上司に断らずに処分し
ている。

4）取引先からの就任のあいさつ状は，前任者の名刺を添えて上司に
渡している。

5）こちらから送った文書に対する返信には，出した文書の控えを付
けて上司に渡している。

27 難易度ランク ★　　　✓CHECK! □□□

次は秘書Ａが，上司のスケジュール管理で行っていることである。
中から不適当と思われるものを一つ選びなさい。

1）公にしない方がよい上司のスケジュールは，自分の手帳で管理す
るようにしている。

2）翌日のスケジュールに無理がないかを，所要時間を計算しながら
毎日点検している。

3）その日のスケジュール表に上司の主な行動内容を記録しておき，後の参考にしている。

4）部下の同行が必要な場合はそのことをすぐに部下に伝え，同行の了解を取ったら上司に報告している。

5）上司より先に退社する場合は上司にその後のスケジュールを伝え，復唱してもらって万全を期している。

28 難易度ランク ★ ✓CHECK! ☐☐☐

営業部長秘書Ａは毎朝読む新聞の中から，上司の役に立ちそうな記事などを情報として提供している。次はその例である。中から<u>不適当</u>と思われるものを一つ選びなさい。

1）関係者の訃報
2）時事用語の解説
3）関係する会社の役員人事
4）業界の動向に関するニュース
5）関係する新製品の紹介記事や広告

29 難易度ランク ★★★★ ✓CHECK! ☐☐☐

次は秘書Ａが行っている，他社製品のカタログ整理の仕方である。中から<u>不適当</u>と思われるものを一つ選びなさい。

1）誰もが閲覧できるように，共有スペースに保管している。

2）厚みのある総合カタログは，書棚に発行年順に並べている。

3）総合カタログ以外は，見つけやすいように製品別に分類している。

4）問い合わせのとき便利なように，先方の担当者の名刺を貼り付けている。

5）薄いカタログは，出し入れしやすいようにハンギングフォルダーで整理している。

30 難易度ランク ★ ✓CHECK! ☐☐☐

次は本などに関する用語の説明である。中から<u>不適当</u>と思われるものを一つ選びなさい。

1）「草稿」とは，下書きまたは原稿のこと。
2）「献本」とは，出来上がった本を進呈すること。
3）「絶版」とは，出版した本の印刷や販売を中止すること。
4）「校閲」とは，図書館などで本を読んだり調べたりすること。
5）「奥付」とは，発行所や発行年月日などが載っている部分のこと。

31 難易度ランク ★★★★ ✓CHECK! ☐☐☐

次は秘書Aが書いた日付である。中から<u>不適当</u>と思われるものを一つ選びなさい。

1）年賀状に「令和5年元旦」
2）伝言メモの記入日を「2／3」
3）歳暮の添え状に「令和4年12月吉日」
4）部内会議の通知状の発信日を「R5.2.1」
5）同期の新年会の案内状の発信日を「2023.1.10」

記述問題

マナー・接遇

32 難易度ランク ★★　　　　　　　　　　　✓CHECK! ☐ ☐ ☐

次は秘書Aが上司（部長）に言った言葉である。下線部分を上司に言う丁寧な言葉に直して，それぞれ二つずつ（　　）内に答えなさい。

1）「ご予約のH様が <u>来</u> ました」
2）「常務がそのように <u>言い</u> ました」
3）「先方のご都合は後ほど私が <u>聞き</u> ましょうか」

1）（　　　　　　　　　　　）（　　　　　　　　　　　　　　）

2）（　　　　　　　　　　　）（　　　　　　　　　　　　　　）

3）（　　　　　　　　　　　）（　　　　　　　　　　　　　　）

33 難易度ランク ★★★　　　　　　　　　　✓CHECK! ☐ ☐ ☐

次の人に金品を贈るとき，祝儀袋やのし紙への上書きはどのように書けばよいか。それぞれ ☐ 内に漢字を１文字ずつ書き入れて答えなさい。

1）家を建てた上司の友人へ　　　　　御 ☐ ☐ 御祝

2）結婚する同じ部署の先輩へ　　　　☐ ☐

3）70歳を迎える上司の恩師へ　　　　☐ ☐ 御祝

4）出産祝いをもらったお返しを上司へ　☐ 祝

技　能

34 難易度ランク ★★★★　　　　　　　✓**CHECK!** ☐☐☐
　　　次は取引先宛ての社交文書の，①前文と②末文の一部である。中の不適切な部分に下線を引き，その下に正しい語を答えなさい。

①　拝啓　貴社ますますご健勝のこととお喜び申し上げます。

②　まずは，略式ですが暑中をもってごあいさつ申し上げます。　敬具

35 難易度ランク ★★★　　　　　　　　✓**CHECK!** ☐☐☐
　　　次の物を送るときの適切な郵送方法を，（　　）内に答えなさい。

1）請求書
2）重要な文書
3）香典を入れた不祝儀袋

1）（　　　　　　　　　　　　　　　）

2）（　　　　　　　　　　　　　　　）

3）（　　　　　　　　　　　　　　　）

（第129回　終わり）

秘書検定 2 級

第 **128** 回

問題

試験時間 120 分

必要とされる資質

1 難易度ランク ★★★　　　　　　　　　　✓CHECK! □ □ □

次は秘書Aが，後輩を指導しているときに話したことである。中から**不適当**と思われるものを一つ選びなさい。

1）性格が明るくおおらかなのはよいが，気遣いが欠けると秘書には不向きと言われかねない。

2）丁寧に振る舞うのはよいが，度が過ぎると忙しい上司をいらいらさせることになりかねない。

3）社交的なのはよいが，仕事の話は慎まないと内部事情が外に漏れるのではと心配されかねない。

4）先を考えて行動するのはよいが，何事も上司の許可を得てしないと余計なことと言われかねない。

5）改まった言葉遣いをするのはよいが，使う場を考えないと周りから気取っていると言われかねない。

2 難易度ランク ★★★　　　　　　　　　　✓CHECK! □ □ □

人事部長秘書Aは上司の外出中にK部長から内線電話で，「人事部長からもらった資料に間違いがある」と言われた。その資料は上司が作成し，他部署の5人の部長に配ったものである。そこでAがK部長に間違いの部分を尋ねたところ，間違っているわけではなく，解釈の違いによるものと思われた。このような場合，Aはどのように対応するのがよいか。次の中から**適当**と思われるものを一つ選びなさい。

1）K部長に，解釈の違いであって間違いということではないのではないかと言う。

2）K部長には確認してみるとだけ言っておき，課長にK部長からの指摘の話をして指示を仰ぐ。

3）解釈の違いが生じたのは事実なので，K部長に，指摘があったことは上司が戻ったら伝えると言う。

4）K部長に，他の部長にも配布してあるが何も言ってきていないので，もう一度確認してもらえないかと言う。

5）K部長には上司が戻ったら伝えるとだけ言っておき，他の4人の
部長にはどのように解釈しているかを尋ねておく。

3 次は部長秘書Aが，上司への気遣いとして言ったことである。中
から**不適当**と思われるものを一つ選びなさい。

1）終業時間後に上司の友人が同窓会の打ち合わせで来訪したときに
「よろしければいつものレストランを予約いたしましょうか」
2）取引先との面談が長引いてしまい，部内会議の開始時間まで余裕
がないときに
「部内会議の開始時間を少し遅らせるようにいたしましょうか」
3）11時過ぎに取引先が来訪することになっているときに
「お話がお昼の時間にかかってしまいましたら，お昼ですとお声
がけしましょうか」
4）時間がかかると予想される上司主催の会議の前に
「いつも通りに日本茶をお出ししますが，コーヒーなどが必要な
ときはご指示くださいませ」
5）出張から帰ったばかりの上司にお茶を出すときに
「お疲れさまでございました。ご不在中のご報告は一息つかれて
からの方がよろしいでしょうか」

4 秘書Aのところに新人Bが，体の具合が悪いので早退したいと
言ってきた。このような場合，AはBにどのようなことを言えばよいか。次
の中から**不適当**と思われるものを一つ選びなさい。

1）後のことが分かるようにしておいてもらいたい。
2）病院に行くようなら後で様子を知らせてもらいたい。
3）新しい環境で疲れが出たのかもしれない。明日はあまり無理をし
ないように。

4）今日中にしておかないといけないことがあったら私がするので
言ってもらいたい。

5）早退は周囲に迷惑をかけるので，具合が悪くなりそうなときはむ
しろ出勤しない方がよい。

5 難易度ランク ★★★★　　　　　　　　　　✓CHECK! ☐☐☐

秘書Aは上司の指示で見知らぬ来客の面会を断ったところ，「あ
なたの名刺をもらえないか」と言われた。このような場合，Aはどのように
対応するのがよいか。次の中から**適当**と思われるものを一つ選びなさい。

1）名刺は渡すが面会は断ったので，「私では役に立たないと思う」
と言う。

2）面会を断った客なので，「すまないが自分の名刺を渡すことはで
きない」と言う。

3）面会を断った客でも丁寧に応対するのがよいので，「秘書の○○だ」
と名乗って名刺を渡す。

4）面会を断った客とは関わりを持たない方がよいので，「名刺は切
らしている」と言って渡さない。

5）上司の指示で断った客なので，「名刺を渡してよいか聞いてくる」
と言って，上司の指示を仰ぐ。

職務知識

6 難易度ランク ★　　　　　　　　　　　　✓CHECK! ☐☐☐

総務部長秘書Aが自宅で朝刊を読んでいると，取引先の社長の急
逝が掲載されていた。通夜は明日，告別式は明後日となっているが，Aの勤
務する会社は今日と明日は土日で休みである。上司は出張中で，メールをし
たがすぐに連絡が取れるか分からない。次はこのことに対して，Aが順に行っ
たことである。中から**不適当**と思われるものを一つ選びなさい。

1）総務課長の携帯電話に連絡し，新聞記事の内容と，出張中の上司
にメールをしたがいつ連絡が取れるか分からないということを伝

えた。

2）総務課長に，上司と連絡が取れるまでの間にAが行うことの指示を仰いだ。

3）上司と連絡が取れたときに，新聞記事の内容と総務課長の指示で行ったことを報告した。

4）上司に，総務課長の連絡先を伝え，会社としての対応を指示してくれないかと頼んだ。

5）何かあったときのために，自宅で待機した。

7 難易度ランク ★　　　　　　　　　✓CHECK! □□□

次は秘書Aが，上司の仕事の手助けや身の回りのことをするために覚えておくとよいこととしてメモしていることである。中から<u>不適当</u>と思われるものを一つ選びなさい。

1）上司の職責の範囲。

2）上司の現在の関心事。

3）上司の会社以外の収入。

4）上司の私的な交友関係。

5）上司と気の合う人の特徴。

8 難易度ランク ★★ 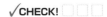 ✓CHECK! □□□

次は秘書Aの上司が会員になっている業界団体について，Aが最近行ったことである。中から不適当と思われるものを一つ選びなさい。

1）新年度になり年会費の請求書が送られてきたので，上司には口頭で知らせて経理課に振り込みを頼んだ。

2）総会の案内が届いたがその日は出張の予定だったので，上司にそのことを話して委任状に署名と押印をお願いした。

3）上司が機関誌掲載のためのインタビューを受けたとき，掲載誌が出来上がったら10部ほど送ってもらいたいと団体の事務局に頼んだ。

4）取引先の担当者から団体の活動を詳しく知りたいと言われたとき，団体の事務局に入会案内と機関誌を送るよう頼んでおこうかと言った。

5）上司の外出中に，上司が委員をしている委員会の日程について団体の事務局が都合を聞いてきたので，予定表を見て空いている日時を知らせた。

9 難易度ランク ★★★ ✓CHECK! □□□

秘書Aの上司（部長）が外出中に，取引銀行の支店長が転勤のあいさつに訪れた。上司はあと15分ほどで戻ってくる予定である。このような場合，Aはどのように対応したらよいか。次の中から不適当と思われるものを一つ選びなさい。

1）在席している課長でよいかと尋ね，よいということなら課長に伝えて応対してもらう。

2）上司は留守と話して世話になった礼を言い，上司に伝えておくと言って帰ってもらう。

3）上司は15分ほどで戻るが待ってもらえるかと尋ね，よいということなら待ってもらう。

4）上司は15分ほどで戻る予定だが，どのようにするかと支店長の意向を尋ねてそれに従う。

5）転勤ならぜひ会ってもらいたいと言って，上司が在席している時間を伝えて出直してもらう。

10 難易度ランク ★★★★　　　　　✓**CHECK!** ☐☐☐

秘書Aは上司から，「U社から招待を受けていたパーティーは出席で返事を出しておくように」と言われた。Aはすぐに返事を出そうとしたが，招待状はあるが返信はがきが見つからない。このような場合，Aはどのように対処すればよいか。次の中から**適当**と思われるものを一つ選びなさい。

1）U社にメールし，返信はがきを紛失したことをわび，出席することを伝えるのがよい。
2）U社に電話し，もう一度返信はがきを送ってもらいたいと頼み，それを使って出すのがよい。
3）上司に返信はがきが見つからないと話し，どうすればよいかを尋ねて，それに従うのがよい。
4）招待状に返信はがきを紛失したことのおわびと出席することを書き添えて，ファクスするのがよい。
5）返信はがきが見つからないのだから，代わりに郵便はがきに必要事項と紛失したことのおわびを記入して出すのがよい。

一般知識

11 難易度ランク ★★　　　　　✓**CHECK!** ☐☐☐

次は雇用に関する用語の説明である。中から**不適当**と思われるものを一つ選びなさい。

1）「年俸制」とは，1年を単位として報酬を支払う制度のことである。
2）「早期退職制度」とは，退職金などの給付内容を優遇し，定年前に退職を促す制度のことである。
3）「終身雇用」とは，従業員が希望すれば定年後も延長して働くことができる雇用形態のことである。

4）「ハローワーク」とは，公共職業安定所の愛称で，職業紹介や失業給付などを行う行政機関のことである。

5）「フレックスタイム制」とは，規定の総労働時間内で出退社時間を各自が決められる勤務制度のことである。

12 難易度ランク ★　　　　　　　　　　　　　　✓CHECK! □□□

次は用語とその意味（訳語）の組み合わせである。中から<u>不適当</u>と思われるものを一つ選びなさい。

1）クライアント　　＝　依頼人
2）エージェント　　＝　代理人
3）オーソリティー　＝　消費者
4）ディーラー　　　＝　販売業者
5）デベロッパー　　＝　開発業者

13 難易度ランク ★★　　　　　　　　　　　　　✓CHECK! □□□

次の用語の説明の中から<u>不適当</u>と思われるものを一つ選びなさい。

1）「金利」とは，貸金や預金などに付く利子のことである。
2）「担保」とは，借金を返すため準備する金銭のことである。
3）「法人税」とは，法人の所得に課される税金のことである。
4）「固定資産」とは，土地，建物，大きな機械などの資産のことである。
5）「粉飾決算」とは，業績などを過大，または過小にゆがめて決算をすることである。

マナー・接遇

14 難易度ランク ★★　　　　　　　　　✓CHECK! ☐☐☐

　部長秘書Aは上司から,「今日の13時から課長と打ち合わせをしたいので, 都合を聞いてもらいたい」と言われた。このような場合, Aは課長に対してどのように言うのがよいか。次の中から言葉遣いが<u>不適当</u>と思われるものを一つ選びなさい。

1)「部長からですが, 13時から打ち合わせをしたいとのことです。ご都合はよろしいでしょうか」
2)「部長が, 打ち合わせをしたいとのことでご都合をお尋ねです。13時からですがいかがでしょうか」
3)「部長が, 13時から打ち合わせをしたいということでご都合をお尋ねですが, よろしいでしょうか」
4)「部長からですが, 13時から打ち合わせをしたいとおっしゃっています。ご都合はいかがでしょうか」
5)「部長が, 13時から打ち合わせをしたいとのことでご都合を伺っていらっしゃいますが, いかがでしょうか」

15 難易度ランク ★★　　　　　　　　　✓CHECK! ☐☐☐

　秘書Aは秘書課の新人を注意することがある。次は, 注意の仕方としてAが考えたことである。中から**適当**と思われるものを一つ選びなさい。

1)注意に対して相手が感情的になったときは, 注意するのを諦めるようにしようか。
2)注意をするときは, 素直に受け入れてもらうために冗談を交えるようにしようか。
3)注意したい内容は, 事前に秘書課長に伝えて注意してよいかどうかを確認しようか。
4)注意をしているとき相手が言い訳を始めた場合は, 言い訳を先に聞くようにしようか。
5)注意をした後には, 同じことを繰り返さないように注意の内容を文書にして渡そうか。

16 難易度ランク ★ ✓CHECK! □□□

次は，弔事に関する用語とその意味の組み合わせである。中から
<u>不適当</u>と思われるものを一つ選びなさい。

1）遺族　　＝　故人の家族のこと。
2）喪主　　＝　葬儀を行う代表者のこと。
3）供花　　＝　仏前（霊前）に供える花のこと。
4）会葬者　＝　葬儀を行う葬儀社の担当者のこと。
5）一周忌　＝　亡くなった年の翌年の命日に行う，冥福を祈る行事
　　　　　　　　のこと。

17 難易度ランク ★★★★ ✓CHECK! □□□

秘書Aの上司は，取引先のW氏と応接室で面談中である。そこへ
W氏の会社から，「急用があるので電話口まで呼んでもらえないか」と電話が
入った。このような場合，Aは応接室に行ってどのように対応するのがよいか。
次の中から**適当**と思われるものを一つ選びなさい。

1）上司にも聞こえるように，「W氏に会社から急用の電話が入って
　　いる」と伝える。
2）上司に，「W氏に会社から急用の電話が入っているがどうしたら
　　よいか」と口頭で尋ねる。
3）W氏に，「急用の電話が入っているが後で連絡するということで
　　よいか」とメモで尋ねる。
4）上司に「面談を中断してもらいたい」と言ってから，W氏には「急
　　用の電話が入っている」とだけ伝える。
5）上司に，「W氏に会社から急用の電話が入っているが取り次いで
　　よいか」と書いたメモを見せて指示を待つ。

18 難易度ランク ★　　　　　　　✓CHECK! ☐☐☐

営業部長秘書Ａは，上司が商談のために使っていた料理店が閉店したので，新たに店を探すことになった。次はそのとき，選ぶ条件として考えたことである。中から不適当と思われるものを一つ選びなさい。

1）大衆的な雰囲気の店は避けた方がよい。
2）予算の都合上，質より価格を重視している店がよい。
3）商談のために使う店だから，交通の便のよい店がよい。
4）席だけの予約や時間の延長など，融通の利く店がよい。
5）従業員の接客態度，言葉遣いが洗練されている店がよい。

19 難易度ランク ★★　　　　　　✓CHECK! ☐☐☐

秘書Ａは，上司の商談に随行して取引先のＥ氏を訪問した。次は，商談が終わった後のＡの行動である。中から不適当と思われるものを一つ選びなさい。

1）商談が終わり応接室のドアをＥ氏が開けてくれたので，上司に続いて会釈しながら退室した。
2）Ｅ氏が上司をエレベーターの所まで見送ると言ったとき，「お忙しいと思いますので，お見送りは結構でございます」と言った。
3）受付の前を通るとき，「お世話になりました」と言って会釈をした。
4）上司は直帰すると言うので上司が持っていた資料を預かり，自分の資料とは別にしてバッグに入れた。
5）上司に，「急ぎの用件がないか会社に確認するので少し待ってもらいたい」と言って会社に連絡を入れた。

20 難易度ランク ★

次の「　　」内は，山田部長秘書Ａが電話応対で「申し訳ござい
ません」の後に言ったことである。中から不適当と思われるものを一つ選び
なさい。

1）相手の名前がよく聞き取れないとき
　　「お名前をもう一度おっしゃっていただけますか」
2）Ａには分からない用件を言われたとき
　　「ただ今分かる者に代わりますので，少々お待ちくださいませ」
3）保留にして待たせていた相手をまだ待たせそうなとき
　　「まだしばらくかかりそうですので，おかけ直しいただけませんか」
4）上司が他部署に行っているとき
　　「ただ今山田は席を外しております。失礼ですがどのようなご用
　　件でしょうか」
5）上司が外出していて今日は戻らない予定のとき
　　「あいにく山田は出かけております。本日は戻らない予定でござ
　　いますがいかがなさいますか」

21 難易度ランク ★★★　　　　　　　　　✓CHECK! ☐ ☐ ☐

秘書Aの上司は何も言わずに席を外すことが多い。社内にはいるのだが，急用のときは困ることもある。今も予約客が時間通りに来訪したが，上司は席にいない。このような場合の来客への対応について，次の中から**適当**と思われるものを一つ選びなさい。

1）応接室に案内し，「少々お待ちくださいませ」とだけ言って，社内を捜す。
2）「席を外しておりますが，間もなく戻ってまいります」と言って応接室に案内し，待ってもらう。
3）「急用で外しておりますが，どのくらいでしたらお待ちいただけますか」と尋ね，それによって対応する。
4）「前の会議が長引いているようですので，少々お待ち願えませんか」と言って，受付で座って待ってもらう。
5）応接室に案内し，「お約束は分かっているはずですが，席におりませんので社内を捜してまいります」と言う。

22 難易度ランク ★★★　　　　　　　　　✓CHECK! ☐ ☐ ☐

秘書Aの上司は，世話になった人にお礼として季節の贈り物をすることが多く，手配はAがしている。次はそのときの上書きである。中から**不適当**と思われるものを一つ選びなさい。

1）1月上旬には，「御年賀」とした。
2）2月下旬には，「寒中御見舞」とした。
3）7月上旬には，「御中元」とした。
4）8月中旬には，「残暑御見舞」とした。
5）12月中旬には，「御歳暮」とした。

23 難易度ランク ★★★

✓CHECK! ☐☐☐

次は，秘書Ａが会社の創立記念パーティーで受付を担当したとき
に行ったことである。中から<u>不適当</u>と思われるものを一つ選びなさい。

1）受付で招待状を出されたとき，「恐れ入ります。いつもお世話になっ
ております」と言って受け取った。

2）受け付けをして招待状を返すとき，「本日はお忙しい中をありが
とうございます」と言った。

3）大きな荷物を持っていた人に，「お食事に差し支えますので，お
荷物はクロークにお預けくださいませ」と言った。

4）パーティーが始まり受付の周辺に人がいなくなったが，そのまま
立っていて前を通る人には会釈した。

5）遅れて来た人は会場の入り口まで案内し，ドアを開けて「どうぞ」
と言って入ってもらった。

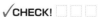

技　能

24 難易度ランク ★

✓CHECK! ☐☐☐

秘書Ａは新人Ｂから，「文書を部内の共有キャビネットに保管し
て，集中管理しているのはなぜか」と尋ねられた。次はこのときＡが答えた
ことである。中から<u>不適当</u>と思われるものを一つ選びなさい。

1）文書の私物化を防ぐため。

2）保管スペースを効率よく使うため。

3）情報について共通認識を持つため。

4）不要になった文書を捨てやすくするため。

5）部員の利用頻度で，仕事量を把握するため。

25 難易度ランク ★★★　　　　　　　　✓CHECK! □□□

次は秘書Ａが，文書を郵送するときに配慮したことである。中から不適当と思われるものを一つ選びなさい。

1）祝い事に関するものだったので，普通切手ではなく慶事用の切手を貼って送った。
2）文書を封筒に入れて重さを量ったところ送料の変わる境目の重さだったので，念のため次の重さの送料で送った。
3）Ｓ支店の社員全員に配布してもらうためパンフレットを30部送ったとき，封筒の宛名は「Ｓ支店社員各位」にした。
4）受取人から，今週は不在なので来週着でいいと言われていたとき，Ａとしても急いでいなかったのでそれに合わせて送った。
5）Ａ４判の文書10枚を三つ折りにして定形最大の封筒で送ることもできるが，受取人のことを考えて折らずに角形の封筒で送った。

26 難易度ランク ★★　　　　　　　　✓CHECK! □□□

次はコンピューターに関する用語の説明である。中から不適当と思われるものを一つ選びなさい。

1）「外字」とは，仮名や漢字以外の外国文字，数字，記号のことである。
2）「圧縮」とは，特定の処理手順に従ってデータの容量を小さくすることである。
3）「ブラウザー」とは，ウェブページを表示するためのソフトウエアのことである。
4）「バグ」とは，コンピューターのプログラムに含まれる誤りや不具合のことである。
5）「最適化」とは，ハードディスク内の断片化されたファイルを整理して処理能力を改善することである。

27 難易度ランク ★★ ✓CHECK! ☐☐☐

次は秘書Aが，社外から人を招いた上司主催の会議に関して，上司に確認せずに行ったことである。中から不適当と思われるものを一つ選びなさい。

1）少し遅れると連絡してきた出席予定者に，承知したと答えた。
2）開始時間直前になっても到着しない出席予定者に，確認の連絡を入れた。
3）出席者の一人が，人数分あるのでと言って自社のパンフレットを持ってきたので配布した。
4）終了予定時間を過ぎても会議が終わりそうになかったので，会議室の使用時間を延長した。
5）議事録を送るとき，欠席者には当日配布した資料を同封した。

28 難易度ランク ★★ ✓CHECK! ☐☐☐

秘書Aは，上司から社員研修の依頼状を講師へ郵送するように指示されて送ったが，会場案内図を入れ忘れたことに気付いた。このような場合Aは，上司に報告した後どのように対処すればよいか。次の中から不適当と思われるものを一つ選びなさい。

1）電話で，会場案内図を入れ忘れたと言ってわび，それだけをすぐに郵送する。
2）電話で，書類に不備があったのですぐに送り直すと言ってわび，先に送った依頼状の破棄を頼む。
3）電話で，会場案内図を入れ忘れたことを連絡し，すまないがメールで送るがよいかと尋ねて送信する。
4）電話で，依頼状に会場案内図を入れ忘れたので，この電話で行き方を説明させてもらいたいと言って詳しく説明する。
5）電話で，依頼状に会場案内図を入れ忘れたと言ってわびるが，講師がその会場を知っているので不要と言うなら何もしない。

29 難易度ランク ★★★　　　　　　　　✓CHECK! □□□

秘書Aは上司から，各部長に配布するようにと「秘」の印が押してある文書を渡された。次はAが，それをどのようにして配布すればよいか考えたことである。中から**適当**と思われるものを一つ選びなさい。

1）部長名を書いた封筒に入れて持って行き，不在だったら伏せて机上に置いてくる。
2）部長名を書いた封筒に入れて持って行き，渡したら「文書受渡簿」に受領印をもらう。
3）何も書かない封筒に入れて持って行き，渡すとき「秘」扱い文書であることを伝えて渡す。
4）各部長に，これから「秘」扱い文書を届けに行くと伝え，何も書かない封筒に入れて持って行く。
5）各部長秘書に，「秘」扱い文書があるのでAのところに取りに来るように頼み，来たら部長名を書いた封筒に入れて渡す。

30 難易度ランク ★　　　　　　　　　　✓CHECK! □□□

次は秘書Aが，上司のスケジュール管理について行っていることである。中から**不適当**と思われるものを一つ選びなさい。

1）上司に余裕を持ってもらうために，予定と予定の間は時間を空けるようにしている。
2）上司が出先などで決めてきた予定は，他に予定があっても優先的に入れるようにしている。
3）予定が変わったときはすぐに関係する人に伝え，その後の予定に影響があれば調整している。
4）上司の不在中に取引先から面会の申し込みがあったときは，希望日を二，三聞いておいて後で調整するようにしている。
5）予定が詰まっている日に急な予約を入れなければならないときは，キャンセルできる予定を上司に確認して調整している。

31 難易度ランク ★★★　　　　　　　　　　　　　✓CHECK! ☐☐☐

次は社内文書の書き方について述べたものである。中から<u>不適当</u>と思われるものを一つ選びなさい。

1）頭語や結語は書かない。
2）発信日は月日だけでなく年も書く。
3）担当者名は個人名を書いて押印する。
4）受信者名や発信者名は職名だけでよい。
5）1文書に書く用件は一つにするのがよい。

記述問題

マナー・接遇

32 難易度ランク ★★★　　　　　　　　　　　　　✓CHECK! ☐☐☐

秘書Aは次のようなとき，用件に入る前に相手を気遣って「　　」内の言葉を言うようにしている。中の下線部分に入る適切な言葉を答えなさい。

1）部下と打ち合わせ中の上司に電話を取り次ぐとき
「＿＿＿＿＿＿＿＿＿＿＿＿＿＿＿＿＿＿ 失礼いたします」

2）呼び出して，相手に電話口まで出てもらったとき
「＿＿＿＿＿＿＿＿＿＿＿＿＿＿＿＿＿＿いたしまして，
申し訳ございません」

3）休暇中の上司の携帯電話に電話をかけたとき
「＿＿＿＿＿＿＿＿＿＿＿＿＿＿＿＿＿＿ お電話いたしまして，
申し訳ございません」

33 難易度ランク ★ ✓CHECK! □□□

秘書Aの上司は忌引休暇を取っていたが，今朝出社した。次の「 　 」は，Aが上司に朝のあいさつをした後に言ったことである。中の（ 　 ）内に入る適切な言葉を答えなさい。

＊「忌引休暇」とは，近親者が亡くなったために勤めを休むこと。

「このたびは（ 　 a 　 ）さまでございました。（ 　 b 　 ）から（ 　 c 　 ）申し上げます」

a （ 　　　　　 ）　 b （ 　　　　　 ）　 c （ 　　　　　 ）

技　能

34 難易度ランク ★★ ✓CHECK! □□□

次の統計をグラフにする場合，どのようなグラフにしたらよいか。一つずつ答えなさい（答えは重複しないようにすること）。

1）支店別顧客数
2）製品別売上高構成比
3）過去5年間のX製品売上高推移
4）製品別売上高構成比の推移（過去3年分）

1）　———————————————

2）　———————————————

3）　———————————————

4）　———————————————

35 難易度ランク ★★★ ✓CHECK! ☐☐☐

秘書Aは上司から，下のような返信はがきを渡され，「この日は出張と重なっているため出席できない。欠席で出しておいてもらいたい」と指示された。このような場合，どのようにして出せばよいか。必要なことの他に，祝いの言葉，欠席の理由，盛会を祈る言葉も書き添えなさい。

○○株式会社　新社屋披露祝賀会

ご出席

ご欠席

ご住所

ご芳名

省略

（第128回　終わり）

秘書検定 2 級

第 **127** 回

問題

試験時間 120 分

必要とされる資質

新人秘書Aは先輩から「いつも笑顔でいるように心がけるとよい」
と言われた。次はAが，その理由について考えたことである。中から**不適当**
と思われるものを一つ選びなさい。

1）笑顔のある人には親近感があるので，話しかけやすいからではな
　いか。

2）笑顔のある人は明るい印象を与えるので，周囲も明るい雰囲気に
　なるからではないか。

3）笑顔のある人にはゆとりが感じられるので，安心して仕事を任せ
　られるからではないか。

4）笑顔のある人は好感を持たれるので，多少の失敗は気にしないで
　もらえるからではないか。

5）笑顔のある人は何事も前向きに取り組む印象があるので，難しい
　仕事も頼みやすいからではないか。

秘書Aは上司（部長）が外出中，取引先のW氏から「部長の自宅
住所を教えてもらいたい」との電話を受けた。個人的なことで上司の世話に
なったので礼の品を贈りたいのだという。このような場合AはW氏に，上司
は外出していると言ってからどのように対応すればよいか。次の中から**適当**
と思われるものを一つ選びなさい。

1）「個人情報なので，他の人に言わないようにしてもらいたい」と
　念を押して教える。

2）「礼の品なら会社に送ってもらいたい。会社に送るのでは何か不
　都合があるのか」と言う。

3）「自分から自宅の住所を教えることはできない。上司が戻ったら
　連絡させるので直接聞いてもらいたい」と言う。

4）上司の帰社予定時間を伝え，「教えてよいかを上司に確認してお
　くので，そのころ改めて電話をもらえないか」と言う。

5）W氏が自宅住所を聞く理由が分かったので，上司の了承を得てか
　ら知らせることにし，「後で連絡させてもらう」と言う。

3 難易度ランク ★★ ✓CHECK! ☐☐☐

秘書Aは，出勤途中に電車が止まってしまい，10時から行われる上司主催の部長会議の準備が間に合いそうもない。このような場合，Aは上司に連絡して電車の状況を伝えた後，どのようなことを言うのがよいか。次の中から**適当**と思われるものを一つ選びなさい。

1) 会議の準備ができていなくても，先に会議を始めてもらえないかと言う。
2) 会議の準備が間に合いそうもないので，部員のNに頼んでもよいかと言う。
3) 会議の準備が間に合わないので，開始時間を遅らせてもらえないかと言う。
4) 会議の準備ができていないが，どのようにしたらよいか指示をしてもらいたいと言う。
5) 会議の準備が間に合わないといけないので，他部署の秘書に頼んでもらいたいと言う。

4 難易度ランク ★★★ ✓CHECK! ☐☐☐

秘書Aは後輩Bに、秘書として適切な行動を取るように注意した。次はそのときAが言ったことである。中から不適当と思われるものを一つ選びなさい。

1) 服装や持ち物などに流行を取り入れているようだが、ここは職場なのでやめること。

2) 上司に合わせて残業しているようだが、残業するなら上司に確認してからすること。

3) よく来社する客と打ち解けるのはよいが、応対は他の客と同じように丁寧にすること。

4) 上司の交友関係について関心が高いようだが、そのようなことはわざわざ上司に尋ねたりしないこと。

5) 仕事で分からないことがあるとき自分の判断で進めているようだが、指示者や先輩に必ず確認すること。

5 難易度ランク ★ ✓CHECK! ☐☐☐

秘書Aの上司が代わった。新しい上司は前の上司とは違うタイプで仕事の仕方も違うようである。このような場合、Aは秘書業務をするに当たってどのように対応するのがよいか。次の中から不適当と思われるものを一つ選びなさい。

1) 新しい上司の性格や生活スタイルなどをそれとなく観察し、上司の好みを知るようにするのがよい。

2) 初めのうちは手探りでするしかないのだから、今までと同じ仕方で進めるようにし、注意されたら改めればよい。

3) 新しい上司は前の上司とは違うのだから、上司のことが分かるまでは尋ねたり確かめたりしながら対応するのがよい。

4) 新しい上司に以前付いていた秘書に、上司の性格や仕事の仕方で特に注意することを教えてもらって対応するのがよい。

5) 新しい上司に、「初めは迷惑をかけるかもしれないが、努力するので何かあったら注意してもらいたい」と頼んでおくのがよい。

職務知識

6 難易度ランク ★★★★　　　　　　　　✓CHECK! ☐☐☐

秘書Aは外出する上司から,「紹介状を頼まれた。本人が今日の夕方受け取りに来るので,これをパソコンで清書して渡してもらいたい」と紹介状の原稿と印鑑を渡された。次はこの後, Aが行ったことである。中から不適当と思われるものを一つ選びなさい。

1) 原稿に明らかな文字の間違いがあったので訂正して入力した。
2) 入力後,原稿と照らし合わせて入力ミスがないか確認した。
3) 上司の名前のところに,預かった印鑑を押した。
4) 会社の封筒に入れて封をし,夕方受け取りに来た本人に渡した。
5) 外出から戻った上司に渡したことを報告し,原稿と印鑑を返した。

7 難易度ランク ★★★　　　　　　　　　✓CHECK! ☐☐☐

秘書Aの上司(営業部長)は,すぐ戻ると言って近くに外出している。そこへ本部長から,「P社との取引について部長に確認したいことがあるので,見積書を持ってすぐ来てもらいたい」と連絡があった。見積書の保管場所はAも知っている。次はこのときAが本部長へ順に対応したことである。中から不適当と思われるものを一つ選びなさい。

1) 上司はすぐ戻ると言って近くに外出していると伝えた。
2) 確認するのはどのようなところか,代わりに話を聞いて上司に伝えようかと尋ねた。
3) 上司が戻ってからでよいということだったが,見積書を先に持っていこうかと尋ねた。
4) 先に持ってきてもらいたいと言われたので,すぐに届けた。
5) そのとき本部長秘書に,今日の本部長のスケジュールを聞いておいた。

8 難易度ランク ★★★　　　　　　　　　✓CHECK! ☐☐☐

総務部長秘書Aは企画部長秘書Fから,総務部で予約している会議室の時間をずらしてもらえないかと言われた。総務部では明日の14時から15時まで部内連絡会を行うことになっている。上司は外出中である。次は,

上司が戻るまでにＡが行ったことである。中から不適当と思われるものを一つ選びなさい。

1）Ｆに，会議室の使用目的と予定時間を尋ねた。
2）Ｆに，上司が戻ったらすぐに確認して連絡すると言った。
3）Ｆに，総務部は部内の連絡会なのでずらせるかもしれないと言った。
4）総務部員に，明日の連絡会の時間は企画部の都合で変更になると連絡した。
5）明日の会議室の予約状況を調べ，空いていた時間帯を予約しておいた。

難易度ランク ★★　　　　　　　　　✓CHECK! □□□

9 次は秘書Ａが，出張の準備に関することで上司から言われて行ったことである。中から不適当と思われるものを一つ選びなさい。

1）「来週の出張の詳細を知りたい」と言われ，作成してあった旅程表を渡した。
2）「この資料を送っておいてもらいたい」と言われ，送り先は宿泊のホテルでよいかを確認した。
3）「Ｒ社に持って行く手土産は用意したか」と言われ，いつもの菓子折を用意してあると伝えた。
4）「あさっての出張だが，課長に同行してもらうことにした」と言われ，すぐに課長の分の交通の手配などをすると言った。
5）「明日，問題の起きているＤ営業所に行くが，場合によっては泊まることになる」と言われ，泊まるかどうかはいつ分かるかと尋ねた。

難易度ランク ★★　　　　　　　　　✓CHECK! □□□

10 秘書Ａは上司から，２週間後に予定されている企画会議の社外からの出席者リストを渡され，「資料を郵送しておくように」と指示された。資料の中には取り寄せるのに時間がかかるものがあり，そろうのは１週間後になりそうで，そのことは上司も承知している。次は資料がそろうまでにＡが行ったことである。中から不適当と思われるものを一つ選びなさい。

1）資料に添付する送り状を作成し，送付日を入れれば印刷できるようにしておいた。
2）資料がそろったらすぐ発送できるように，手伝ってもらえる人を探して頼んでおいた。
3）出席者リストの所属，肩書などに間違いはないか，出席者に電話で確かめておいた。
4）取り寄せる資料がそろう見通しがついたとき，資料を送れる日を上司に伝えた。
5）資料が出席者の手元に届くのは会議開催の直前になりそうなので，速達で送ると上司に言った。

一般知識

11 難易度ランク ★　　　　　　　　　　　　　　　✓CHECK! ☐☐☐
次の中から，市区町村役所では発行しないものを一つ選びなさい。

1）戸籍謄本
2）課税証明書
3）運転免許証
4）印鑑登録証明書
5）マイナンバーカード

12 難易度ランク ★　　　　　　　　　　　　　　　✓CHECK! ☐☐☐
次は用語とその意味（訳語）の組み合わせである。中から不適当と思われるものを一つ選びなさい。

1）リアクション　　　　＝　　反応
2）コミッション　　　　＝　　交渉
3）オペレーション　　　＝　　操作
4）コラボレーション　　＝　　共同
5）コンサルテーション　＝　　相談

13 難易度ランク ★★　　　　　　　　　　✓CHECK! ☐☐☐
次は人事に関する略語である。中から<u>不適当</u>と思われるものを一つ選びなさい。

1）約手
2）労災
3）有休
4）定昇
5）時短

マナー・接遇

14 難易度ランク ★★　　　　　　　　　　✓CHECK! ☐☐☐
次は秘書Aの，上司（部長）に対する言葉遣いである。中から<u>不適当</u>と思われるものを一つ選びなさい。

1）外出から戻った上司に，昼食はどうするかと尋ねたとき
　　「お帰りなさいませ。ご昼食はいかがなさいますか」
2）連絡はQ社の誰宛てにすればよいかと尋ねたとき
　　「ご連絡はQ社のどなたさま宛てにいたせばよろしいでしょうか」
3）課長が，面談に同席してもらえないかと言ってきたことを伝えたとき
　　「課長が，面談にご同席願いたいとおっしゃられておいでですが」
4）その人のことについて，何か聞いているかと尋ねたとき
　　「その方のことについて，何かお聞きになっていらっしゃいますか」
5）専務は会議中だが，もうすぐ戻るらしいと伝えたとき
　　「専務は会議中でいらっしゃいますが，間もなくお戻りになるそうでございます」

15 難易度ランク ★　　　　　　　　　　✓CHECK! ☐☐☐
次は秘書Aが上司に報告するときに心がけていることである。中から<u>不適当</u>と思われるものを一つ選びなさい。

1）報告が終わったら，必要に応じて不明な点はないか尋ねるようにしている。

2）通常は結果だけを言うようにしているが，内容によっては経過も報告している。

3）時間が長くかかりそうなときは，そのことを言って都合を確かめてから報告するようにしている。

4）複雑な内容のときは，そのことを言ってメモを取りながら聞いてもらいたいと頼むようにしている。

5）指示されていた仕事の中間報告をするときは，その仕事がいつごろ終わるかを併せて言うようにしている。

16 難易度ランク ★★★ ✓CHECK! ☐☐☐

次は秘書Aが，上司の代理で取引先の葬儀（仏式）に参列したとき行ったことである。中から<u>不適当</u>と思われるものを一つ選びなさい。

1）香典袋は「御霊前」と書かれてあるものを使い，会社名と上司の役職名，氏名を書いてふくさに包んで持って行った。

2）受付で香典を差し出してから会葬者芳名録に記帳したとき，上司の名前の下に（代）と書いた。

3）顔見知りの取引先の人と出会ったが，特に言葉を交わさず会釈だけして焼香の順番を待った。

4）焼香のとき，焼香台近くの遺族に上司の代理であることを伝えてから焼香をした。

5）会社に戻り上司に参列の報告をしたとき，葬儀についての印象を付け加えた。

17 難易度ランク ★★★ ✓CHECK! ☐☐☐

次は秘書Aが，話を聞くときの相づちの打ち方として心がけていることである。中から<u>不適当</u>と思われるものを一つ選びなさい。

1）あまり大げさにならないよう自然に打つようにしている。

2）相手の話で分からないことがあるときは打たないようにしている。

3）相手が話を進めやすいように，「それで」などと促すようにして

いる。

4）話の内容によって声の調子を変えたり，ジェスチャーで表したりしている。

5）「なるほど」は偉そうな感じがするので，相手によっては使わないようにしている。

---

18 難易度ランク ★★　　　　　　　　　　　　　　✓CHECK! ☐☐☐

次は部長秘書Ａが来客応対で行ったことである。中から<u>不適当</u>と思われるものを一つ選びなさい。

1）応接室にお茶を運んだところ上司と客が立って名刺交換をしていたので，終わるまで待ってお茶を出した。

2）応接室に客を案内したところ前の客の茶わんが残っていたが，まず座ってもらい謝ってから急いで片付けた。

3）応接室に替えのお茶を持って行ったところ客はお茶に手を付けていないようだったが，下げて新しいお茶を出した。

4）応接室で客にお茶を出したところ客の手が触れてテーブルにお茶がこぼれたので，「失礼しました」と言って持っていた布巾で拭いた。

5）応接室に客と上司二人分のお茶を出しに行ったところ部員も同席していたが，自分の分は不要と合図してきたので客と上司に出すだけにした。

---

19 難易度ランク ★★★　　　　　　　　　　　　　✓CHECK! ☐☐☐

秘書Ａは上司（部長）から，けがで１週間ほど入院することになった課長の見舞いに同僚のＫと行くよう指示された。次は二人が見舞いに行くに当たって話し合ったことである。中から<u>不適当</u>と思われるものを一つ選びなさい。

1）病院のウェブサイトで，面会時間など面会に関するページを確認しよう。

2）同室の人もいるのだから仕事のことは小声で話し，長居はしないようにしよう。

3）家族の人に，困ったことがあったら何でも相談してくれるように
　　言っておこう。
4）上司や部員たちに課長宛てに伝言はないか尋ね，あればメモして
　　課長に伝えよう。
5）上司に報告できるように，回復の具合と出社できそうなおおよそ
　　の日にちを聞いておこう。

20 難易度ランク ★★　　　　　　　　　　✓CHECK! □□□

秘書Aは先輩Cから，後輩に仕事のことで注意した後の対応の仕
方について次のように教えられた。中から<u>不適当</u>と思われるものを一つ選び
なさい。

1）注意した後もAに仕事のことを気軽に聞けるような態度を心がけ
　　ないといけない。
2）注意した後は注意通りに改まっているかどうか，気を付けて見て
　　いかないといけない。
3）注意したことが注意通りに改まっていたら褒めるのがよいが，す
　　ぐには褒めない方がよい。
4）注意したことが改まっていないときは，なぜ改まっていないのか
　　を確かめて再度注意しないといけない。
5）注意されたことが改まればよいのだから，しこりを残さないため
　　にそれ以外は気にすることはないと言うとよい。

21 難易度ランク ★★　　　　　　　　　　✓CHECK! □□□

次は秘書Aが行った，上司の贈答に関する業務である。中から
<u>不適当</u>と思われるものを一つ選びなさい。

1）上司宛てに取引先から中元が届いたので，指示はなかったが礼状
　　を書いて送った。
2）出張で世話になった取引先へ何か品を贈るように指示されたので，
　　地元の銘菓を送った。
3）上司の知人に郷里の特産物を贈ることになったので，配送の手配
　　をし，送ることをはがきで知らせた。

4）上司宛てにY支店長から，旅先で手に入れたという珍しい酒が届いたので，上司に礼状を書いてもらいたいと頼んだ。

5）取引先の会長へ就任祝いを贈るよう指示されたので，会長の好みに合いそうな置物の候補を挙げて上司に決めてもらった。

22 難易度ランク ★ ✓CHECK! ☐☐☐

秘書Aは上司から，「明日の会議の資料にしたいので，夕方までに新人Bに清書させておいてもらいたい」と原稿を渡された。そこでAはBに指示し，夕方確認したところ，明日の夕方までだと思っていたのでまだ出来ていないと言う。このような場合，Aは上司にまずは出来ていないことをわびることになるが，どのように謝るのがよいか。次の中から<u>不適当</u>と思われるものを一つ選びなさい。

1）「私がもっと早く確認すればよかったのですが，ご迷惑をおかけして申し訳ありませんでした」

2）「申し訳ありませんでした。Bさんにも話して，今後このようなことがないように注意します」

3）「後ほどBさんから謝罪させますが，期限を間違えていたとのことです。申し訳ありませんでした」

4）「私の指示の仕方が不明確だったようで夕方までに出来ませんでした。以後注意します。申し訳ありませんでした」

5）「Bさんに指示するとき，私が期限を再確認しなかったせいです。申し訳ありませんでした。以後注意いたします」

23 難易度ランク ★　　　　　　　　　　　　✓CHECK! □□□

次は部長秘書Aが電話応対のときに行ったことである。中から**不適当**と思われるものを一つ選びなさい。

1）上司不在で伝言を頼まれたとき，伝言をメモし，最後に内容を復唱して自分の名前を言った。
2）上司の友人という人からの電話のとき，電話に出るかどうかを上司に確認してから取り次いだ。
3）至急の用件で休暇中の上司の携帯電話へかけたとき，「休み中に申し訳ない」と謝ってから用件を伝えた。
4）外出中の上司宛てに本部長からかかってきたとき，「上司は外出中だが課長ならいる。どうするか」と聞いた。
5）上司の会議中に取引先からかかってきたとき，「会議が終わったら電話をするので，席にいてもらいたい」と言った。

技　能

24 難易度ランク ★★　　　　　　　　　　✓CHECK! □□□

次は秘書Aが，「秘」扱い文書を郵送するとき行っていることである。中から**不適当**と思われるものを一つ選びなさい。

1）送る文書には，㊙の印を赤いインクで押している。
2）文書を封筒に入れて封をし，宛名を書いた別の封筒に入れている。
3）宛名の横に「親展」の印を，封筒の封じ目に㊙の印を押している。
4）郵便局から簡易書留で出した後，会社に戻ってから電話で相手に送ったことを知らせている。
5）送ったら文書発信簿に記録し，到着が確認できるまでは受領証を保管している。

25 難易度ランク ★★★★　　　　　　　　✓CHECK! ☐☐☐

次は秘書Aが後輩に，社交文書について教えたことである。中から**適当**と思われるものを一つ選びなさい。

1）社交文書は儀礼的なものなので，文書番号は書かない。
2）社交文書でも横書きの場合，数字は全て算用数字で書く。
3）わび状は，何をおいてもまず迷惑をかけたことを謝るため，前文を省く。
4）悔やみ状は，深く弔意を表すために，頭語を「拝啓」ではなく「謹啓」にする。
5）事務所移転の通知状は，ビジネス上のことなので，頭語を「前略」，結語を「草々」にする。

26 難易度ランク ★　　　　　　　　　　✓CHECK! ☐☐☐

次は，コンピューターなどに関する用語の説明である。中から**不適当**と思われるものを一つ選びなさい。

1）「デバイス」とは，コンピューターに接続する周辺機器のこと。
2）「フリーズ」とは，特定の処理手順に従ってデータの容量を小さくすること。
3）「メーラー」とは，メールの作成，送受信，保存・管理を行うソフトウエアのこと。
4）「スワイプ」とは，スマートフォンやタブレット端末の画面上を指で素早くなぞる操作のこと。
5）「ペースト」とは，コピーや切り取りによって記憶したデータを任意の場所に貼り付けること。

27 難易度ランク ★★★　　　　　　　　✓CHECK! ☐☐☐

秘書Aは，名刺の整理を人名の五十音順で名刺整理箱を使って行っている。次は，Aが最近行ったことである。中から**不適当**と思われるものを一つ選びなさい。

1）同じ人の肩書の違う名刺が2枚あったので，古い方は破棄した。
2）名刺整理箱がいっぱいになったので，「ナ」のガイドから後ろの

　　　名刺は新しい箱に移した。

3）新任のあいさつで来社した森本氏の名刺を整理箱に入れるとき，「モ」のガイドのすぐ後ろに入れた。

4）得意先の担当者が転勤し業務に関わりがなくなったが，名刺はしばらくそのまま保存することにした。

5）取引先担当者が結婚し姓が加藤から青木になったと連絡があったので，名刺を訂正し，「ア」のガイドのすぐ後ろに入れた。

28　難易度ランク ★★★　　　　　　　　　　✓CHECK! □□□

　秘書Aは上司から，販売店の店長向けに講演会を行うので会場の手配をするように指示された。次はそのとき，Aが上司に確認したことである。中から不適当と思われるものを一つ選びなさい。

1）予算は幾らぐらいか。
2）開催日時と会場の規模。
3）講演会の名称は決まっているか。
4）連絡担当者は誰の名前にするか。
5）講演会の後に懇親会の予定はあるか。

29　難易度ランク ★★　　　　　　　　　　✓CHECK! □□□

　次は部長秘書Aが，上司のスケジュール管理で行っていることである。中から不適当と思われるものを一つ選びなさい。

1）まだ日程の決まっていない定例行事は，前年度を参考にして仮に予定している。

2）他部署の部長に渡す上司の予定表には，欄外に「〇月〇日現在」と作成日を書き入れている。

3）他の人の予定でも特に知っておいた方がよいものは，上司の予定表の備考欄に書き入れている。

4）上司の出社時と退社時には上司に予定を確認するが，時間に余裕のないときはメモでしている。

5）上司の私的な予定を耳にしたときは自分のノートに控えておき，前の日に上司に確認している。

30 難易度ランク ★★ ✓CHECK! ☐☐☐

次は文書の名称とその説明の組み合わせである。中から<u>不適当</u>と思われるものを一つ選びなさい。

1）上申書　＝　上役に意見や事情を申し述べるための文書。
2）照会状　＝　不明な点を問い合わせて確かめるための文書。
3）進退伺　＝　進行中の業務について，今後の対処を尋ねるための文書。
4）委任状　＝　この人に，この事柄を任せたということを記載した文書。
5）見積書　＝　代金が幾らになるかなどを，あらかじめ知らせるための文書。

31 難易度ランク ★★ ✓CHECK! ☐☐☐

次は秘書Aが，上司宛ての郵便物を受け取ったときに行っていることである。中から<u>不適当</u>と思われるものを一つ選びなさい。

1）上司宛てでも内容によっては，上司に断ってから担当者に渡している。
2）異動や就任のあいさつ状は，名刺や名簿を訂正してから上司に渡している。
3）展示会の招待状や会議の招集通知などには，当日の予定をメモして一緒に渡している。
4）書留類は開封して中身を確認し，受信簿にAの確認印を押してから上司に渡している。
5）仕事とは関係のないDMでも，上司が関心のあるものは他の郵便物と一緒に渡している。

記述問題

マナー・接遇

32 難易度ランク ★★★　　　　　　　　　✓CHECK! ☐☐☐

秘書Aの上司と面談するため，取引先のS氏が応接室で待っている。そこへS氏の会社から急ぎの件なので呼び出してもらいたいと連絡が入った。このような場合，AはS氏にどのように言えばよいか。下線部分に入る適切な言葉を答えなさい。

「恐れ入りますが，S様に ＿＿＿＿＿＿＿＿＿＿＿＿＿＿＿＿＿＿＿＿＿＿＿。

おつなぎしてよろしいでしょうか」

33 難易度ランク ★★　　　　　　　　　　✓CHECK! ☐☐☐

兼務秘書Aは，部長と課長が出張するとき二人に同行することがある。このような場合の次の席順は，一般的にはどうなるか。それぞれの（　　）内に，①部長　②課長　③Aの番号を書き入れなさい。

1）新幹線

2）タクシー

3）レストランの個室

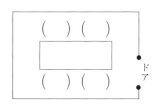

技 能

34 難易度ランク ★★★ ✓CHECK! □□□

秘書Aは上司から，世話になった人（個人宛て）へ7月に贈る中元の送り状を書くように指示された。次は，そのとき書いた手紙文である。（　　）内に入る適切な慣用語を漢字2文字で答えなさい。

　拝啓　（　①　）の候，ますますご（　②　）のこととお喜び申し上げます。平素は格別のご厚情を賜り，厚く御礼申し上げます。
　　さて，本日，別便で日ごろの感謝の印に，心ばかりの品をお送りいたしました。ご（　③　）いただければ幸いに存じます。
　　まずは，（　④　）ながら書中をもってごあいさつ申し上げます。

敬具

①＿＿＿＿＿＿　　②＿＿＿＿＿＿　　③＿＿＿＿＿＿　　④＿＿＿＿＿＿

35 難易度ランク ★ ✓CHECK! □□□

秘書Aの上司（営業本部長）主催の支店長会議が長引いていて，5時に終わる予定が5時30分の今も続いている。予定では，上司を含む会議の出席者と社内関係者の懇親会を，車で10分ほどの会場で6時から行うことになっている。そこへ上司から，会議は6時ごろ終わる，懇親会は6時30分からという連絡が入った。このような場合，Aはどのようなことをしなければいけないか。箇条書きで三つ答えなさい。

_____

_____

_____

秘書検定 2 級

第 126 回

問題

試験時間 120 分

必要とされる資質

秘書Aは上司が他部署のP部長と電話で，今日の昼食をMレストランで一緒にどうかと話しているのを耳にした。Mレストランの入っているビルは，保守点検のため全館休業している。このような場合，Aはどのように対応するのがよいか。次の中から**適当**と思われるものを一つ選びなさい。

1）電話の内容を聞いていたと思われるのはよくないので何もしないでいる。
2）電話中の上司に，Mレストランは今日休業していることをメモで知らせる。
3）電話が終わってから，今日Mレストランは休業しているので別の店を予約しようかと言う。
4）上司が出かけるときに行き先を尋ね，Mレストランと言われたら保守点検でビル全体が休業していると言う。
5）電話中の上司のところへ行き，伝えたいことがあると言って電話を中断してもらい，Mレストランの休業を伝える。

秘書Aは，上司（部長）の知人J氏から上司宛ての電話を受けた。「ちょっと話しておきたいことがあるので3時過ぎに伺いたい」とのことである。電話は出先からのようで，こちらの返事を待たずに切れてしまった。上司には3時から人事部長と打ち合わせの予定が入っている。このような場合，AはJ氏からの電話を上司に伝えた後，どのように言えばよいか。次の中から不適当と思われるものを一つ選びなさい。

1）その時間には人事部長と打ち合わせの予定が入っているが，どのようにすればよいか。
2）J氏の携帯電話番号を知っていれば，私から連絡してこちらの時間の都合を伝えてみようか。
3）電話でこちらの都合を伝えることができなかったので，J氏が来たら待ってもらうのでよいか。
4）ちょっととのことだから，来たらすぐに取り次ぐので打ち合わせ

を中断して会ってもらえないか。

5）J氏との面談に要する時間を予測してもらえれば，人事部長との打ち合わせの時間を調整するがどうか。

---

3 難易度ランク ★★★　　　✓CHECK!

秘書Aの下に配属された新人Bは早合点する癖があり，仕事にミスが目立つ。このような場合，BがミスをなくすためにAはどのようなことを言えばよいか。次の中から<u>不適当</u>と思われるものを一つ選びなさい。

1）一度確認した内容でも気になるところは，何度でも指示者に確認すること。

2）指示を受けるときに，早合点して理解したと思い込む癖があることを自覚すること。

3）指示された仕事は，始める前に自分の癖を意識して，慎重にチェックしながら行うこと。

4）指示を受け終わったら，ミスの出そうな箇所があれば教えてもらいたいと指示者に頼むこと。

5）仕事の途中で指示通りかどうかをチェックするときは，間違っているはずはないという考えは持たないこと。

---

4 難易度ランク ★　　　✓CHECK!

秘書Aの上司が代わった。Aは新しい上司に合わせた仕事の仕方をしているつもりだったが，上司は「もっと私に合わせた仕事の仕方をしてもらいたい」と言う。このような場合，Aはどのように対応すればよいか。次の中から**適当**と思われるものを一つ選びなさい。

1）自分では合わせているつもりだったので，上司に納得してもらえるよう話し合う。

2）自分では上司に合わせる努力をしているのだから，上司が理解してくれるまで待つ。

3）前任の秘書に，どうすれば上司に合わせていることを分かってもらえるのか相談する。

4）迷惑をかけていることをわび，努力するので何かあったら注意を

してもらいたいと言う。

5）至らない点が多いことをわび，慣れるまでもうしばらく様子を見ていてもらいたいと言う。

---

5 難易度ランク ★★★　　　　　　　　　　　　✓CHECK! □□□

秘書Aは上司（部長）から，「忙しいので電話や来客などはできるだけ取り次がないように」と言われることがある。次はそう言われていた場合でも取り次いだ例である。中から不適当と思われるものを一つ選びなさい。

1）上司宛ての紹介状を持っている人が訪ねてきた。

2）課長が，稟議書に承認印をもらいたいと言ってきた。

3）取引先の支店長が，退職するのでと言ってあいさつに訪れた。

4）上司の郷里の友人という人が，近くまで来たのでと言って訪ねてきた。

5）専務秘書が，来客と商談中の専務が上司を呼んでいると内線電話で言ってきた。

職務知識

6 難易度ランク ★★★　　　　　　　　　　　　✓CHECK! □□□

秘書Aの上司（営業部長）は会議中で，終了時刻の2時を過ぎても戻ってこない。この後3時に取引先Q社を課長と一緒に車で訪問する予定で，その前に20分ほど事前打ち合わせをすることになっている。課長は既に待機している。このような場合，Aは課長にどのように対応すればよいか。次の中から不適当と思われるものを一つ選びなさい。

1）上司が会議から何時までに戻ればQ社への訪問に影響しないかと尋ねる。

2）上司はQ社訪問のことを知っているはずだが，確認のメモを入れてみようかと言う。

3）会議があとどのくらいかかるのか確かめるので，自席で待っていてもらえないかと言う。

4）上司との事前打ち合わせは，間に合わなければQ社に向かう車の

中でできないかと尋ねる。

5）会議がまだ終わりそうもないので，Q社の担当者に連絡して訪問
時間の変更をしておこうかと言う。

7 難易度ランク ★★

秘書Aは後輩Fに，秘書の仕事とは，上司が本来の仕事に専念で
きるように手助けすることであると話し，次のように教えた。中から<u>不適当</u>
と思われるものを一つ選びなさい。

1）日常的な仕事は上司の指示がなくてもできるようにしないといけ
ない。

2）上司が快適に仕事をすることができるように，環境整備にも気を
使うこと。

3）秘書がした仕事であっても，上司がしたことになるので心してお
かないといけない。

4）上司が留守中であっても，周りの人の仕事に差し支えないように
しないといけない。

5）上司から君に任せると言われたことでも，秘書の立場をわきまえ
て自分の判断ではしないこと。

8 難易度ランク ★

秘書Aの後輩Dが上司から，今日中にと指示されていた仕事が間に合わなくて注意された。Dは，間に合わなかったのは他にも上司に頼まれた急ぎの仕事があったからだと不満の様子である。このような場合，AはDにどのようなことを言えばよいか。次の中から<u>不適当</u>と思われるものを一つ選びなさい。

1）今日中にと指示されたとき，今行っている急ぎの仕事を一時中断してよいかと尋ねればよかった。
2）今日中にできそうもないと分かったとき，すぐにどのようにしたらよいかと指示を仰げばよかった。
3）今日中にと指示されたのだからすぐその仕事に取りかかり，そのとき行っていた急ぎの仕事は中断すればよかった。
4）今日中に終わらせるために，先に指示された急ぎの仕事があるので残業して仕上げてもよいかと確認すればよかった。
5）今日中にと指示されたとき先に頼まれた仕事のことを話して，誰かに手伝ってもらってよいか確認しておけば私が手伝うこともできた。

9 難易度ランク ★★★ CHECK!☐☐☐

部長秘書Aの上司は帰社予定時間になっても外出から戻らない。Aは早退することになっていて上司の了承を得ているが，上司が戻ったら連絡や報告をしてから退社するつもりでいた。このような場合，Aはどのようにして早退するのがよいか。次の中から<u>不適当</u>と思われるものを一つ選びなさい。

1）上司への連絡や報告をメモにして，上司の机上に置いたことを課長に伝えて早退する。
2）課長に事情を話し，上司への連絡や報告は同僚Cからしてもらうことを伝えて早退する。
3）上司の机上に，後のことと上司に伝えることは同僚Cに頼んであると書いたメモを置いて早退する。
4）早退は上司の了承を得ているのだから，連絡や報告をメモして上

司の机上に置き，そのまま早退する。

5）同僚Cに上司への連絡や報告のメモを渡し，上司が帰社したら渡してもらいたいと言って，後のことを頼んで早退する。

---

10 難易度ランク ★★　　　　　　　　　　✓CHECK! □□□

次は秘書Aが上司を気遣って言ったことである。中から<u>不適当</u>と思われるものを一つ選びなさい。

1）上司が今日は空気が乾燥していると言って，咳払いをしていたので
「お水をお持ちいたしましょうか」
2）資料の文字が小さくて読みにくそうにしていたので
「よろしければ拡大コピーをしてまいりましょうか」
3）知人への贈り物を買う時間がないと言っていたので
「品物がお決まりでしたら私が買ってまいりましょうか」
4）取引先G社に出かける時間になってもまだ席にいたので
「そろそろG社へお出かけになるお時間でございますが」
5）自社の記事が載った新聞を渡すとき，上司は載っていることを知らないと思ったので
「当社の記事が載っておりますのでお読みになってはいかがでしょうか」

一般知識

11 難易度ランク ★★★　　　　　　　　　✓CHECK! □□□

次の用語の説明の中から<u>不適当</u>と思われるものを一つ選びなさい。

1）「連結決算」とは，親会社と子会社，関連会社を含めてする決算のことである。
2）「固定資産」とは，長期的に使用または保有する資産で，土地，建物，機械などのことである。
3）「流動資産」とは，短期間に現金化できる資産で，現金預金，売掛金，商品などのことである。

4）「有価証券」とは，それ自体に財産的価値のある証券のことで，
　　債券，株券，小切手などのことである。

5）「財務諸表」とは，会社などの経営成績を従業員に定期的に知ら
　　せる，経営数字を表示した書類のことである。

12 難易度ランク ★★★　　　　　　　　　　　　　　✓CHECK! □□□
次は用語とその意味（訳語）の組み合わせである。中から<u>不適当</u>
と思われるものを一つ選びなさい。

1）クレジット　　　　　＝　信用
2）ファイナンス　　　　＝　調達
3）デメリット　　　　　＝　不利益
4）インセンティブ　　　＝　奨励金
5）プリペイド　　　　　＝　代金前払い

13 難易度ランク ★★★　　　　　　　　　　　　　　✓CHECK! □□□
次は秘書Aが，会社で耳にした言葉とその意味の組み合わせであ
る。中から<u>不適当</u>と思われるものを一つ選びなさい。

1）消費者ニーズ　　　　　　　＝　消費者が求めているもののこと。
2）ワークライフバランス　＝　仕事と生活のバランスを取ること。
3）たたき台　　　　　　　　　＝　意見を出し合うための，元となる案
　　　　　　　　　　　　　　　　　のこと。
4）口コミ　　　　　　　　　　＝　評判，うわさなどが口から口に伝え
　　　　　　　　　　　　　　　　　られて広がること。
5）相見積もり　　　　　　　　＝　金額などが合意できず，相手に見積
　　　　　　　　　　　　　　　　　書を再度出してもらうこと。

マナー・接遇

14 難易度ランク ★★★　　　　　✓CHECK! □□□

秘書Aが所属する広報課の課長の家族が亡くなった。そこで課員全員が一緒に香典を包むことになり，Aがまとめ役になった。次はそのときAが行ったことである。中から**不適当**と思われるものを一つ選びなさい。

1）集めたお金は金種がまちまちだったので，高額の紙幣に替えた。
2）香典袋は，香典の額にふさわしいものを選んだ。
3）悔やみ状の文面を考え課員全員の了承を得て清書し，香典袋の中に入れた。
4）香典袋に書く差出人名は，会社名と「広報課一同」とした。
5）葬儀には係長の他に数名の課員が参列するが，香典を葬儀の受付で渡すのは係長に頼んだ。

15 難易度ランク ★★★　　　　　✓CHECK! □□□

秘書Aは上司から，「R社のK部長を訪問したいので予約してもらいたい」と言われた。AがK部長秘書に電話すると，確認してから連絡すると言われたが，今日のAは席を外すことが多い。このような場合，K部長秘書にどのように言うのがよいか。次の中から**不適当**と思われるものを一つ選びなさい。

1）私が席を外しておりましたら，○○という者にお言付けいただけますか。
2）本日は席を外すことがございますので，明日こちらからお電話させていただきます。
3）私が席を外しておりましたら，分かるようにしておきますので電話に出た者にお伝えいただけますか。
4）私が不在では申し訳ありませんので，おかけいただくお時間を決めさせていただいてよろしいでしょうか。
5）私はこの後席を外してしまいますので，お電話を頂けるのでしたら夕方4時以降にお願いできますでしょうか。

16 難易度ランク ★★★　　　　　　　　　　　　　　　✓CHECK! ☐☐☐

次の「　　」内は，山田部長秘書Ａの取引先の人に対する言葉遣いである。中から<u>不適当</u>と思われるものを一つ選びなさい。

1）先に到着した来客に，そちらの会社のＮさんが着いたらすぐに案内するということを
「御社のＮ様がお着きになられましたら，すぐにご案内いたします」

2）すぐに送るから，住所を聞かせてくれないかということを
「すぐにお送りいたしますので，ご住所をお聞かせくださいませんか」

3）忙しいとは思うが，何とか助けてもらえないかということを
「お忙しいとは存じますが，どうかお力添えを頂けませんでしょうか」

4）すまないが，上司はどうしようもない用事で外出してしまったということを
「申し訳ございませんが，山田はやむを得ない用事で外出いたしました」

5）上司が戻ったら連絡するように伝えるが，それでよいかということを
「山田が戻りましたらご連絡を差し上げるよう申し伝えますが，それでよろしいでしょうか」

17 難易度ランク ★　　　　　　　　　　　　　　　　　✓CHECK! ☐☐☐

次は，祝儀袋や不祝儀袋の上書きと水引の結び方の組み合わせである。中から<u>不適当</u>と思われるものを一つ選びなさい。

　　〈上書き〉　　　〈水引の結び方〉
1）金一封　　――　結び切り
2）御霊前　　――　結び切り
3）結婚御祝　――　結び切り
4）御礼　　　――　ちょう結び
5）栄転御祝　――　ちょう結び

18 難易度ランク ★★★　　　　　　　　✓CHECK! ☐☐☐

秘書Aの下に新人Bが配属された。次はAがBに電話応対の心がけとして教えたことである。中から不適当と思われるものを一つ選びなさい。

1）伝える内容が複雑なときは，「メモのご用意をお願いします」と言ってから話すこと。

2）上司への伝言を受けるときは最後に，「私，秘書の○○が確かに承りました」と言うこと。

3）間違い電話のときは，「こちらは△△△△−△△△△番ですが」と言って間違いに対応すること。

4）かけた電話が途中で切れてしまったときは，すぐにかけ直して「失礼しました」とわびること。

5）伝言を頼むときは，相手が名前を言わなければ「お名前をお教えくださいますか」と相手を確かめること。

19 難易度ランク ★　　　　　　　　　　✓CHECK! ☐☐☐

秘書Aは，部長会議の資料のセットを今回も新人Dに頼んだ。前回，AはDに見本を見せてその通りになるよう指示したが，ホチキスの留め方が間違っていて，今回は資料の中の1枚が曲がってコピーされていた。次は，AがDに注意したことである。中から不適当と思われるものを一つ選びなさい。

1）ホチキスの留め方は今回よかったが，今度はコピーが曲がって取れていた。

2）このまま部長会議に資料として配布したら，作成責任者である上司がどのように見られるかを考えないといけない。

3）コピーの取り方が曲がっているなどは細かいことだが，このようなことにまで気を配ってこそ仕事をしたことになる。

4）このように何度もミスをされては，自分（A）の指導係としての責任を問われてしまう。

5）仕事の仕方に丁寧さが足りないように思うので，その点を自覚して次は気を付けるように。

20 難易度ランク ★★ ✓CHECK! ☐☐☐

次は，一般的に「上座」といわれる席である。中から不適当と思われるものを一つ選びなさい。

1）タクシーでは運転手の後ろの席。
2）和室では床の間を背にした奥の席。
3）新幹線では進行方向を向いた窓側の席。
4）会議室（ロの字形）では議長の対面になる席。
5）祝賀会場などではステージに最も近い中央の席。

21 難易度ランク ★★ ✓CHECK! ☐☐☐

次は秘書Aが，上司に関係のある弔事について，「葬儀の日時，場所，喪主」の他に記録していることである。中から不適当と思われるものを一つ選びなさい。

1）参列の有無。
2）弔電について。
3）供花を手配した日。
4）上司や会社との関係。
5）宗教や宗派について。

22 難易度ランク ★ ✓CHECK! ☐☐☐

次は秘書Aが，同僚への仕事の頼み方について先輩から教えてもらったことである。中から不適当と思われるものを一つ選びなさい。

1）「お願いしたいことがあるのですが」のように，頼み事だということが最初に分かる言い方をするとよい。
2）相手が困ったような顔をしたときには，「お忙しいとは思いますが」のように無理を承知でお願いしているという言い方をするとよい。
3）快く引き受けてくれたときは，「何かあったときにはお手伝いし

ますから」のように機会があればお返しをするという言い方をするとよい。

4）引き受けてもよいという返事がすぐにもらえないときは,「ぜひともお願いしたいのですが」のように一歩踏み込んだ言い方をするとよい。

5）相手が迷惑そうな顔をしたときは,「私のためではなく会社のためなのですが」のように会社のためということを強調した言い方をするとよい。

23 難易度ランク ★★　　　　　　　　✓CHECK! ☐☐☐

秘書Aの下に新人の佐川涼子が配属された。Aが取引先に佐川を紹介するとき,下の「　　」内の下線部分はどのように言うのがよいか。次の中から**適当**と思われるものを一つ選びなさい。

「このたび入社しまして, ＿＿＿＿＿＿＿＿＿＿＿＿よろしくお願いいたします」

1）私の後輩となりました佐川涼子です。
2）私の同僚となりました佐川涼子です。
3）私の下に配属されました佐川涼子です。
4）私の下で働くことになりました新人の佐川涼子です。
5）私と一緒に仕事をすることになりました新人の佐川涼子です。

技 能

24 難易度ランク ★★★   ✓CHECK! ☐☐☐

秘書Aは上司から，会議の資料をセットして事前にメンバーに配布しておくようにと指示された。資料は「秘」文書である。次は，このときAが順に行ったことである。中から<u>不適当</u>と思われるものを一つ選びなさい。

1）会議のメンバーとセットの仕方を上司に確認し，人数分準備した。
2）余分にコピーしてしまったので，原本と一緒に鍵のかかるキャビネットに保管した。
3）配布資料には通し番号を付け，「秘」の印を押して封筒に入れた。
4）渡すときは秘文書とは言わずに渡し，受渡簿に受領印をもらった。
5）メンバーの一人が外出中だったので，秘書に受領印をもらい資料を預けた。

25 難易度ランク ★★★   ✓CHECK! ☐☐☐

次は「印」についての説明である。中から<u>不適当</u>と思われるものを一つ選びなさい。

1）「認め印」とは，個人が書類や物の受領など日常的に押す印のことである。
2）「封印」とは，むやみに開けられないように，封じ目に押す印のことである。
3）「捨て印」とは，書類の訂正に備えて，あらかじめ欄外に押しておく印のことである。
4）「訂正印」とは，書類などに追加や修正したことを証明するために押す印のことである。
5）「公印」とは，市区町村の役所に登録しておき証明書の交付を求めることのできる，重要書類などに押す印のことである。

26 難易度ランク ★★   ✓CHECK! ☐☐☐

秘書Aは上司から，これを送っておいてもらいたいと，住所・氏名が書かれたメモ，手紙，商品券（2万円分）を渡された。このような場合の郵送方法は次のどれがよいか。中から**適当**と思われるものを一つ選びなさい。

1）簡易書留
2）普通郵便
3）現金書留
4）内容証明郵便
5）普通郵便（速達）

27 難易度ランク ★★

秘書Aは後輩（林）から，直した方がよいところがあったら教えてもらいたいと次の文書を見せられた。下はAが直すように言ったことである。中から<u>不適当</u>と思われるものを一つ選びなさい。

---

① 令和4年2月10日

② 全課長殿

③ 人事部長　岸川良則

社員研修について

④ 標記研修を2月25日(金)9時から17時まで，入社5年目の社員を対象に
　5階会議室で行います。業務調整の上，出席させるようお願いします。

担当　人事課　林

（内線　101）

⑤ 以上

1）①の発信日付は，社内文書なので書かなくてもよい。
2）②の受信者名は，「課長各位」とするのがよい。
3）③の発信者名は，役職名の「人事部長」だけでよい。
4）④の本文中の日時や場所などは，箇条書きにするのがよい。
5）⑤の「以上」は，「担当　人事課　林」の上に書くのがよい。

28 難易度ランク ★★★　　　　　　　✓CHECK! ☐☐☐

　　　人事部の兼務秘書Aは，人事部が行う研修で社外の講師の世話係を担当することになった。次はAが事前に打ち合わせをするとき，講師に確認したことである。中から不適当と思われるものを一つ選びなさい。

1）随行者はいるか。
2）講師の紹介文をもらえないか。
3）会場への到着は何時ごろの予定か。
4）資料の予備は用意しておいた方がよいか。
5）特にこちらで用意しておくものはあるか。

29 難易度ランク ★　　　　　　　✓CHECK! ☐☐☐

　　　次は秘書Aが，電話で会社のホームページのアドレスなどを伝えるときの符号の読み方である。中から不適当と思われるものを一つ選びなさい。

1）「：」は，コロンと読む。
2）「．」は，ポイントと読む。
3）「－」は，ハイフンと読む。
4）「／」は，スラッシュと読む。
5）「＠」は，アットマークと読む。

30 難易度ランク ★★★　　　　　　　✓CHECK! ☐☐☐

　　　次の各文の中から，下線部分の用語の使い方が不適当と思われるものを一つ選びなさい。

1）御礼かたがたごあいさつ申し上げます。
2）時節柄，ご自愛のほど祈念いたします。
3）時下ますますご清祥のこととお喜び申し上げます。
4）まずは，略儀ながら書中をもってご案内申し上げます。
5）粗品ではございますが，ご査収いただければ幸いに存じます。

31 難易度ランク ★★　　　　　　　　　　　　　✓CHECK! ☐ ☐ ☐

秘書Aの上司が社内の会議室で，午前10時から午後2時まで外部の人を招いて会議を行った。次は，そのときAが行ったことである。中から不適当と思われるものを一つ選びなさい。

1）10時に日本茶を出すよう言われていたので，30分遅れると連絡のあった外部の人の席にも置いておいた。

2）会議が始まった後に出席予定者から欠席の連絡があったので，メモで欠席理由とともに上司に知らせた。

3）11時半ごろ上司に伝えたいことがあると言ってきた上司の部下に，もう少しで昼食になるので待ってもらえないかと言った。

4）昼食を出す予定の時間になっても議論に熱が入っている様子だったので，廊下に待機していて上司の合図を待った。

5）会議中に出席者の会社から出席者と連絡を取りたいと電話があったので，急ぐかどうかを尋ねて対応した。

記述問題

マナー・接遇

32 難易度ランク ★★　　　　　　　　　　　　　✓CHECK! ☐ ☐ ☐

部長秘書Aは上司から，明日来訪する客について書かれたメモを渡された。客の名前は「東」と書いてある。このような場合，名前の読み方が「ヒガシ」なのか「アズマ」なのかを確認するには，どのように言うのがよいか。下線部分に入る適切な言い方を，丁寧な言葉で答えなさい。

「部長，恐れ入りますが，_____

_____」

33 難易度ランク ★★　　　　　　　　　　✓**CHECK!** □□□

秘書Aの上司のところへ不意の来客があった。初めての客で，名刺を預かった。このような場合，Aは上司に取り次ぐために，どのようなことを客に確認すればよいか。箇条書きで三つ答えなさい。

技　能

34 難易度ランク ★★　　　　　　　　　　✓**CHECK!** □□□

次のような手紙を書く場合の結語を答えなさい。　※（　　）内はそれぞれの場合の頭語。

1）一般的な手紙　　　（拝啓）
2）返信の場合　　　　（拝復）
3）前文を省く場合　　（前略）

1）（　　　　　　　　　　　）

2）（　　　　　　　　　　　）

3）（　　　　　　　　　　　）

35 難易度ランク ★★

秘書Aは上司の指示で,金額が5万円の領収証を作りT社の総務部に郵送することになった。次はそのときAが順に行ったことである。(　　)内に入る適切な用語を,漢字2文字で答えなさい。

1)領収証を作成し,(　　)印紙を貼った。
2)貼った印紙にかけて,(　　)を押した。
3)送り状と共に封筒に入れ,中身が分かるように封筒に,「領収証(　　)」と表示した。
4)封筒の宛名は,「T社総務部(　　)」と書いた。

1)☐☐　　2)☐☐　　3)☐☐　　4)☐☐

（第126回　終わり）

秘書検定 2 級

要点整理

速習対応

I

必要とされる資質

1 秘書として仕事をするときの心構え

- 秘書は上司の陰の力となって働くことが役目と自覚する。
- 上司をよく理解した上で仕事をする。
- 秘書は人と人との間に立つ存在であるから，どのような人ともよい人間関係をつくる。
- 業務上知り得た秘密は絶対に守る。

● 基礎知識 ●

1．秘書の立場を自覚する

　秘書の本来の役割は，上司が本来の業務に専念できるように，こまごまとした仕事を引き受け，上司の陰の力となって働くところにあります。従って上司に代わって仕事をしていても，それはあくまでも，代行ではないことを自覚すべきです。

2．上司を理解する

　上司と秘書は表裏一体の関係です。それだけに上司と秘書との信頼関係は重要になってきます。信頼される秘書になるためには，上司の仕事や行動，環境などに興味・関心を持って理解を深める努力が求められます。飲み物から始まって仕事の処理の仕方まで，あらゆることについて上司の好みや方法を知ることで秘書業務の質も向上し，上司も満足するでしょう。

3．よい人間関係をつくる

　秘書は職場において人と人との間に立つ存在です。従って，どのような人ともいろいろな事柄について話ができる，豊かな人間性を備えていなければなりません。また立場上，どうしても一般社員との接触は限られますが，多くの人が集まる機会にはなるべく参加し，ネットワークをつくっておくことも大切です。

4．機密を守る

　上級秘書になるほど，企業のトップに付きますから，付随して機密事項に触れる機会も多くなります。上級秘書に限らず，それらの機密事項を口外しないことは秘書の心得の第一です。口外しないことはもちろん，機密をにおわせるような曖昧な言動も慎むべきです。

2 指示されたことを要領よくこなす能力

- 仕事全体の内容を素早く理解し，正確に処理する。
- 仕事が重なったときは，優先順位を的確に決める。
- 指示された仕事の報告は，タイミングよく正確に行う。

● 基礎知識 ●

1．指示内容を素早く，正確に把握する

　上級秘書には，複雑な内容の仕事を指示通りに的確にこなす能力に加え，迅速に要領よく処理する能力が求められます。そのためには，仕事全体の内容をよく理解した上で，どのような手順で行えばよいかを考え，仕事の計画を立てることがポイントです。

　このとき基本となるのが，指示を正しく受けることです。上司からの指示（命令）が出たらすぐにメモを取り，内容を復唱し，質問があれば最後に行う。こうした指示を受ける一連の行動と姿勢は，上級秘書になればなるほど求められます。これができて初めて仕事の対処方法，遂行計画を立てることができるのです。

　また，自分の上司以外の上役から指示を受けたときは，自分の仕事の枠内で片付くことは引き受けてもよいですが，それ以上の内容は，必ず直属の上司の指示を受けることが原則です。

2．仕事の優先順位を付ける

　幾つかの仕事が集中したときは，どの仕事をいつまでに済ますかを決めなければなりません。これが仕事の優先順位です。内容の重要度や要する時間などを考え併せて決めていきます。迷ったとき，できそうもないときは上司に相談して優先順位を決めます。

3．報告はタイミングよく正確に行う

　報告をタイミングよく正確に行うことも，仕事を要領よくこなす能力の一つです。報告のポイントとしては，必ず結論を先に話し，それから経過を手短に報告します。上司が特に忙しいときは，結論だけでもよいくらいです。経過や理由は書面あるいは後日時間ができたときに話します。また，どんな報告でも，事実に基づいた正確な内容が求められます。もし，自分の意見や感想があるときは，その旨をはっきりと言って，事実と区別するようにします。

3 秘書業務を実践する

> 上司の負担を軽くする
> ● 雑務であっても率先して引き受ける。
>
> 上司の秘書として働くときの心がけ
> ● 情報は積極的に提供する。
> ● 上司にミスがあっても指摘しない。
> ● 秘書がミスしたら，素直にわびる。

● 基礎知識 ●

1．雑務であっても引き受け，実践する能力

　一般的な秘書業務においては，上司のこまごまとした雑務を処理することが大きな部分を占めています。秘書業務の実践とはここからスタートするのです。それがどんなに小さな仕事であっても，やがて大きな仕事になるかもしれません。そうでなくても，雑務を処理することで上司が本来の仕事に専念できれば，会社全体にとって大きな利益といえます。そこで大切なことは，そうした雑務を待っていて処理するのではなく，自分から探し出して処理することです。では具体的にどのような実践能力が必要とされているのでしょうか。

① 仕事の流れや動きを把握し，そこからポイントをつかみ取れる力。
② 今，どのような行為をしたら上司の仕事がやりやすくなるかが分かる力。
③ 上司の望んでいることを実際にできる力。
④ どのようなことが起こっても対応できる配慮と準備。

2．上司の秘書となって働くときの心がけ

　上司の仕事に関する情報を収集し提供することが，まず求められます。情報としては他に「うわさ」があります。うわさをどう考えるかは上司の判断です。上司が知っておいた方がよいと思われるうわさは，求められる前に提供します。また，上司にミスがあったとしても，声高に指摘するような態度は慎みます。上司といえども人間ですから，時にミスすることはあるでしょう。「忙しい身だから……」と思いやる気持ちが大切です。反対に自分がミスしたら，直ちにわびます。わびた後にどこが間違っていたかを，どのようにすればよいかを確認し，修正作業を迅速に行います。

4 機転を利かして実践する能力

会議や不在時の受付や取り次ぎ対応

● 会議中などで上司が留守のとき，面会や電話は拒否するのではなく，できるだけ相手の意向を聞いて処理する。
● 不在などで取り次げないときは，その旨を相手に話し，相手の意向に従った対応を考える。
● 上司が取り込み中に予約客が来たら，茶菓や雑誌を提供し待っていただく。

スケジュール管理と対応

● 突然のスケジュール変更でも上司の承認は必ず得る。

予定外の仕事と対応

● 病気や事故などが起きたときは，状況を的確に把握し対応する。
● 日ごろから緊急のときの連絡方法を調べておく。

● 基礎知識 ●

1．機転を利かした判断をする

　「上司が会議中に，アポイントメントのない客が来訪した。このようなときどう処理したらよいか」。秘書はこのような状況にしばしば直面します。素早い判断と対応が要求される場面です。

　このようなとき，まず上司に連絡を取る，伝言を聞いておく，待ってもらう，代理の者に会わせるなど，さまざまな対処法があります。また急用なのか，上司との関係はどうかなども判断材料になります。最終的にどのように対処するかは，それらの要素を考え合わせ，そのときの状況に最もふさわしい判断を下すのです。これができる人が，機転が利くということになるのです。そのために必要な能力は以下のようなものになります。

① 今起きている問題（テーマ）は何かを素早く理解できる的確な判断力。
② この問題をどのように解決すべきかが分かる知識。
③ 素早く適切な行動力。

2．受付や取り次ぎなどでの対応

　上司の在席中にアポイントメントのない客が訪れたとき，またそれが見知らぬ人であればなおのこと，とっさの機転を利かせなくてはなりません。これらの客をどのように接遇するかで，会社や上司の評価が決まる場合があるため，

秘書は神経を使います。

　実際に処理するには，まずポイントが何かを瞬時に感じ取らねばなりません。アポイントメントのない客でも，上司にとって極めて重要な客であれば，直ちに上司に取り次ぎます。未知の客であれば，慎重の上にも慎重を期さねばなりません。以下にケース別対処法をまとめました。

1）見知らぬ客の応対

　上司に連絡して，その人のことを確認します。その後の処理は上司に指示してもらい，それに沿って行動します。

2）アポイントメントのない客の応対

　上司が会議中などにその種の客が来たら，極めて重要な客以外は事情を話し取り次げない旨を説明します。それから客の意向に従って，伝言などの対応をします。

3）予約していた客が来たが，上司が取り込んでいるときの対応

　上司の事情を話して，とにかくわびます。そしてどのくらい待っていただくことになるかを話し，客に判断してもらいます。もし待ってもらえるなら，お茶を出し，雑誌などの読み物を提供します。

3．スケジュール管理と対応

　予定を組んでおいたのに，急な事態が発生してスケジュールが変更されることはよくあります。緊急の会議や葬儀の参加などは事前に予測はできませんから，スケジュールの変更は致し方ないところです。秘書は速やかに変更案を作り，上司の承認を得ます。

1）先方の都合でスケジュールが変更になったとき

　変更になって他の予定と重なったときは，上司に予定表を持参し，どのように変更するかを打ち合わせます。

2）上司の不在中にスケジュール変更を要求されたとき

　もし秘書が自分の判断で変更を仮約束するときは，上司が戻ったら確認するので，結果については変更があるかもしれないと念を押します。判断しきれないときは，上司が戻り次第速やかに連絡すると伝えます。

4．予定外の仕事

　上司や上司の関係者が交通事故や急病になるなど，予想もしない出来事が発生したときの対処も秘書が中心になって行わなければなりません。冷静でしかも的確な判断と行動が求められます。そのため，日ごろから準備をしておかねばなりません。上司がかかりつけの病院の連絡方法，家庭との連絡方法，社内での連絡先などです。一覧表にしておくとよいでしょう。

◎上司が明らかに忘れているとき，あるいは勘違いしているときは，さりげなく上司に注意を促す。

5 秘書に求められる身だしなみ

秘書に求められる身だしなみの基本
- ● 働く場にふさわしく調和がとれている。
- ● 他人に不快感を与えないように，いつも清潔を心がける。
- ● 仕事がしやすく機能的である。

日ごろから健康管理に注意し，明るく快活な動作を心がける

● 基礎知識 ●

1．オフィスの雰囲気をつくる秘書の身だしなみ

1）秘書の役割を心得た身だしなみ

秘書だからといって，華やかな装いをしなければならないということはありません。秘書が身だしなみに気を付けるのは，オフィスの雰囲気をよくするためなのです。きちんとした身だしなみには，明るさと適度の緊張感をつくり出す力があるのです。秘書の服装だけが目立ってしまうのも困ります。華やかな装いがおかしいのもそのためです。ここでいう身だしなみとは髪形，化粧，アクセサリー，靴などトータルなものを指します。

2）状況や役割を考える

大切なのはその場の状況や役割にふさわしい装いをすることです。秘書はオフィスだけでなく，上司の外出に同行する機会も多くあります。例えば上司の主催するゴルフコンペに世話役として同行することもあるでしょう。そのようなとき，スーツはおかしいでしょうし，プレーするわけではないですからゴルフウエアも似合いません。結果としてはスポーティーな装いということになります。パーティー会場で受付を務めるならば，普段より改まった装いが大事です。このように状況や役割を考えながら身だしなみを考えるのです。

2．印象を左右する秘書の動作

秘書の動作は明るく，きびきびした感じであることが求められます。一般に好ましくない態度，動作は以下のようなものです。「手を後ろに組んだり，前で腕組みをする。一本指で何かを指すなど威圧的な態度」「手をもじもじさせたり，髪に手をやるなど落ち着きのない動作」「椅子に腰かけたとき，足を組んだり，ブラブラさせるなどだらしない態度」。

6 秘書に求められるパーソナリティ

パーソナリティの重要性
- 内面からにじみ出てくるパーソナリティ（個性・人柄）は，他人に与える印象に大きな影響を持つ。

秘書に求められるパーソナリティ
- 対人関係に求められるパーソナリティ……誠実，明朗，謙虚，冷静，親切，ユーモア，礼儀，清潔，責任感，柔軟性など。
- 仕事をするのに必要なパーソナリティ……正確性，積極性，能率性，機密厳守，慎重，行動性など。

● 基礎知識 ●

1．周囲の人たちから信頼を得る

　秘書は直属の上司のみならず，周囲の人たちからも信頼されることが大切です。なぜなら秘書の仕事の基本は，上司のこまごまとした雑務を処理することであり，そのためには多くの人の協力が必要となるからです。もし，秘書がそれらの人たちと信頼関係を結ぶことができなければ，協力を得られないことになり，そうであれば結果的に，上司の仕事の成果を少なからず損なうことになるでしょう。

2．秘書に求められるパーソナリティの基本

1）対人関係に必要なパーソナリティ

　対人関係を良好に結んでいくために必要な資質としては，誠実，明朗，素直，謙虚，協調性，柔軟性，責任感などがあります。つまり明るく誠実に振る舞える資質が求められるのです。

2）仕事上で求められるパーソナリティ

　仕事を着実にこなすために必要なものとして，正確性，積極性，能率性，機密厳守，慎重，行動的などがあります。

3）上級秘書に求められるもの

　上級秘書は判断が難しい状況に直面することが多いですし，対人関係も上下左右など，非常に微妙になってきます。そのため以上に加えて寛大さ，ユーモアとウイット，機転，応用力，沈着，冷静，思いやりなど，より高度なパーソナリティが求められます。

理論編

Ⅱ

職務知識

1 秘書の役割と機能

● 秘書の基本的な機能は，上司が本来の仕事に専念できるように雑務を処理し，仕事が円滑に進むようにさまざまな準備をすることである。

● 上司に代わって意思決定したり，指示はできない。

● 基礎知識 ●

1．秘書の種類

　秘書にはさまざまな種類があります。個人付き秘書は上司が一人でどの部門にも属しません。これに対し複数の上司に付く秘書には，秘書課に所属してトップマネジメントに付く秘書や，営業部などに所属し，その部署本来の仕事をしながら上司（営業部長など）を補佐する兼務秘書などがあります。

2．秘書の役割と機能

　上司の役割は，経営管理＝成果を上げて目標を達成することです。その仕事の善しあしは，ただちに企業活動に重大な影響を及ぼします。従って秘書は上司の手助けや身の回りの世話をすることで，上司が本来の業務を効率的・効果的に取り組めるよう環境を整えます。

　そのために秘書は，来客応対，上司のスケジュール管理，会議の準備，文書作成，ファイリング，上司の身の回りの世話などを一つ一つ果たします。このことによって，上司が仕事に専念できる環境をつくっていきます。機能とは役割を果たすための具体的な仕事のことです。

　このように上司と秘書は表裏一体で共通の目標に向かって仕事をします。それだけに秘書は上司の期待と信頼に，常に応えていかなければなりません。

3．秘書と上司の関係

1）直属の上司との関係

　秘書は上司とともに働き，上司を助ける存在ですが，どんなに有能であっても，上司になり代わって，上司の本務を遂行することはできません。秘書が上司に代わって何か行うことがあっても，それはあくまでもスタッフ，すなわち手助けの範囲内にとどまるものです。秘書は上司あっての存在であり，上司の目的や意向を自分のものとするのですから，独断専行は許されません。

2）他部門の長との関係

　他部門の長とは直接的な関係はありません。しかし組織の中ですから，場合によっては他部門の長から仕事の指示や依頼があるかもしれません。この場合は直属の上司から承認を得て取りかかるようにします。

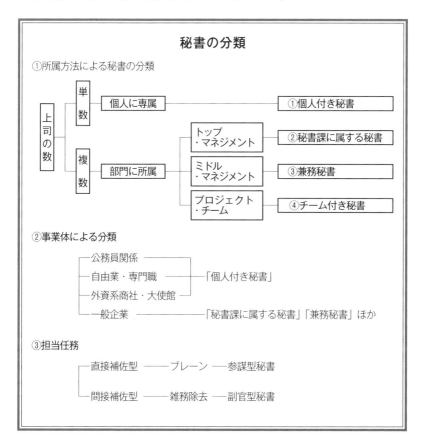

秘書の分類

①所属方法による秘書の分類

上司の数	単数	個人に専属	①個人付き秘書
複数	部門に所属	トップ・マネジメント	②秘書課に属する秘書
		ミドル・マネジメント	③兼務秘書
		プロジェクト・チーム	④チーム付き秘書

②事業体による分類

　　公務員関係
　　自由業・専門職　―――「個人付き秘書」
　　外資系商社・大使館
　　一般企業　―――――「秘書課に属する秘書」「兼務秘書」ほか

③担当任務

　　直接補佐型　――― ブレーン ―― 参謀型秘書

　　間接補佐型　――― 雑務除去 ―― 副官型秘書

チェックポイント ◎秘書のミスは，直ちに上司のミスにつながることを心得ておく。

2 職務に対する心構え

進んで上司を理解し，関心や行動を予知する
自分の立場をわきまえる
● スタッフとしての範囲を超えない。
● 進言には節度が必要である。

● 基礎知識 ●

1．進んで上司を理解する

1）上司の理解が仕事の理解につながる

　　上司を理解し，上司の役に立つことが秘書の仕事です。そのためにはまず，上司が社内外でどういう立場にあり，何をしようとしているのかをきちんと理解しておく必要があります。接遇応対，日程管理など日常の秘書業務を円滑に進めるためにも，上司の理解は不可欠のものであり，逆に言えば上司を理解することが自らの仕事の理解につながるのです。

　　しかし，ただ待っているだけでは上司の理解は深まりません。細かなことでも上司の行動に積極的に関わるほか，上司の属する機構や環境などを進んで学習することが大切です。

2）場合によってはプライベートにも関わる

　　上司の理解のためには業務上のことはもちろん，人柄や家庭環境まで知っておく必要があります。場合によってはプライベートな面も把握することになるでしょう。ただし上司がそれを望まないときは，秘書といえども立ち入ることはできません。プライベートにも関わるかどうかは，あくまでも上司の考えによるのです。

2．自分の立場をわきまえる

1）スタッフとしての範囲を超えない

　　秘書はスタッフですから，その限りにおいて上司を助けます。例えば上司が急病になったとしても，上司になり代わることはできません。もちろん病気の診断もできません。それらは他の重役や主治医の役割です。秘書ができることは，病気という状況を考えた上でのスケジュール調整や他部門との連絡です。スタッフとしての立場をわきまえつつ，その中で最善を尽くす。これが秘書の

心構えなのです。

２）進言には節度が必要

　秘書の立場から上司に進言できる範囲は決まっています。基本的な健康管理，食事の内容や店選び，服装などのアドバイスです。業務に関しては上司の記憶違いなどによる単純ミスで，そのままにしておくと上司の評判に傷がつくようなケースです。

　基本的に秘書が上司に忠告したり，あるいは忠告的なことを言うことはあり得ません。同様に秘書が上司に意見を言うことも，原則的には許されることではありません。ただし，上司から意見や感想を求められたときは別です。例えばある人物の評価を聞かれるようなときは，事実をありのままに話す，あるいはよい面を中心に節度を持って話すことが望まれます。

３．機密を口外しない

　秘書は日常的に機密事項を扱います。その機密をぺらぺら話すようでは秘書失格です。たとえ相手が親しい人であっても，世話になった人でも，知った機密を守ることは秘書として最も初歩的な心得であり，また常に心に留めておかねばならない大事なことでもあるのです。

　時には他部門の長などから，「今度の人事異動について，頼むから知っていることを教えてくれないか」などと頭を下げて頼まれることもあるでしょう。しかし相手が上役であっても大先輩であっても，話してはなりません。「申し訳ありませんが，私はそこまで聞いていません」と丁重に，さりげなくかわすことが求められます。

職務知識

チェックポイント

◎秘書は機密を知る立場にありますが，だからといって交際範囲を狭めたりする必要はない。むしろ，広げた方が何かのときに役立ち，助けになる。機密事項は話さない。この原則さえ守れば，どのような人と交際してもよいといえる。

◎特に指示されてなくても，社内外での出来事や情報は常に仕込んでおき，必要に応じて伝達する。このような積極的な態度も，秘書としての心構えの一つになる。

3 秘書業務の進め方

> 秘書の業務内容を把握する
> ● 定型業務（日常業務）と非定型業務（突発業務）がある。
> ● 上司の私的活動・交際も秘書業務の範囲内である。
>
> 秘書業務遂行の留意点
> ● 状況を考え機転や気を利かす。
> ● 先を読んで行動する。

● 基礎知識 ●

1．秘書の業務内容

1）定型業務と非定型業務

　秘書の仕事は多岐にわたりますが，それを分類すると定型業務と非定型業務に分かれます。定型業務とは業務内容のフォームが決まっているもので，日程管理，来客接遇，電話応対，文書事務，出張事務，経理事務，上司の身の回りの世話などです。非定型業務とは突発的に起こる仕事であり，ケースバイケースで対応しなければなりません。予定外の来客応対，急病や事故の対応などがあります。

2．主な秘書業務の進め方と留意点

1）日程管理

　上司の日程管理は，秘書にとって重要な仕事の一つです。上司の一日はスケジュールが詰まっているのが普通です。デスクワークの他にも，会議，面談，出張，訪問，接待などをこなさなければなりません。しかも予定通りに進行すればよいのですが，しばしば予定は変更され，しかも新しい予定が入ってきます。秘書はこうした上司の目まぐるしい日程を調整するのです。しかし，秘書が独断でスケジュール調整をするのはルール違反です。秘書は原案を作り，最終的には上司が決めることを忘れないでください。

　また，上司が出先などで面会の予約をしてくることはよくあります。このようなとき，「スケジュール調整が大変だから，早めに教えてください」と頼む秘書がいますが，これは管理を優先する本末転倒の考えです。決まった日程を上手に調整すること。これが大切な点なのです。

　上司の日程管理には，友人との会食などプライベート面も入ってくるでしょう。しかし，そうしたプライベートな約束は公式の日程表に書き込む必要はあ

りません。秘書個人の日程表に書き込んでおけばよいのです。

2）電話応対

　電話応対としては上司にかかってきた電話，上司がかける電話，上司の不在中の電話の処理，各種問い合わせや連絡の処理などがあります。この中では上司の不在中の電話応対が難しいといえます。上司の気持ちや状況を考え合わせ，的確にしかも機転を利かせて対応しなければなりません。もちろん，それに応じた連絡や手配も必要になってきます。上級秘書になると，単に電話の内容を正確に取り次ぐだけでなく，どのように行動するかも大事になってくるのです。

　また上司の不在中に，外部の人から上司の私的なことや業務について問い合わせる電話がかかってくることがあります。このような質問に対しては，答える義務はありませんし，答えるべきではありません。そのようなときは「よく分かりません」とかわし，相手の連絡先を聞いておいて，上司が帰ったら報告するようにします。

3）文書事務

　文書事務には文書作成，文書の清書，社内外文書の受発信，文書の整理・保管，文書関係機器の操作などがあります。

　上司の書いた文書をパソコンなどで清書するとき，上司の書き間違い，思い込みミスなど直した方がよいと判断できる箇所があることに気が付きます。しかし，他の不明点などと一緒に上司に確認をとってから修正するのが原則です。

　また，上司が長期出張中に，上司に代わって礼状やあいさつ状を書くようなときは上司名で出します。ちなみに秘書名で出しても構わないのは，カタログ請求，ホテルの予約の確認，室内備品の見積もり依頼状などです。

4）出張事務

　出張事務には，上司が出張する際の旅程表の作成，交通機関の切符の手配，宿泊先の予約，関係先への連絡調整のほか，上司が出張などから戻ってからの旅費の精算手続き，上司が出張先でお世話になった方への礼状の代筆などがあります。

　なお，出張中の上司との連絡は，何回もしなくて済むように，時間を決めてまとめて連絡事項を伝えるのが効率的です。ただし，上司の出張中に緊急あるいは重大と判断できる事態が発生したときは，直ちに出張先に連絡して指示を仰がなければなりません。

5）情報の管理

　社内外で発生する情報は的確に取捨選択して上司に伝達するとともに，関係先にも連絡します。秘書として特に注意すべき情報は，関係者の死亡記事，死亡広告，冠婚葬祭，叙位叙勲，昇格・退任などです。これらの情報には日ごろ

職務知識

から注意を向けておく必要があります。ニュースソースとしては新聞が主となりますが，インターネットや他のマスメディア，関係者など人的な情報源も場合によっては重要です。そのためにも，日ごろから情報収集のネットワークづくりを心がけておかねばなりません。

　上司の不在中に，私的な付き合いの人に関する重要な情報を得たときは，出先などに連絡するよりも，上司の夫人など家庭に電話で知らせる方がよいこともあります。

６）贈答業務

　仕事であるいは私的にお世話になった方への贈り物や，何かをいただいたときのお返しなどを，上司と相談しながら準備するのも秘書の仕事です。相手との関係，相手の好み，予算などをよく考えて行います。歳暮，中元など定期的なものはリストを作っておくとよいでしょう。

　贈答品を選ぶにあたって，何がよいかすぐには決められないものです。日ごろから適当な贈答品候補を選んでおけば，そのようなときにも慌てずにアドバイスすることができます。

７）上司の身の回りの世話

　①車の手配

　上司の出社，退社，外出など勤務上使用する自動車の手配です。そのため，運転手や管轄する庶務などのセクションと緊密に連絡を取る必要があります。ただし，社用車の運転日誌は運転手がつけます。

　②お茶や食事のサービス

　仕事の合間や食事時にはお茶やコーヒーなどを出します。場合によっては昼食や夜食の手配もしなければなりません。上司の好みをつかんでおき，タイミングよく手配します。

　③健康管理

　秘書ができる上司の健康管理は，時間的に余裕のあるスケジュールを組むことが第一です。また，人間ドックや定期健康診断も忘れずにスケジュールに組み込みます。

　④私的事項

　上司の不在時に，上司に関する私的事項が発生したときは，まず上司夫人に相談するのが原則です。

3．非定型業務の進め方

1）予定外の来客

　「上司は在室している。そこへ近くまで来たのでと，上司の友人が立ち寄った。特に用件はなさそうである。秘書はどう対応したらよいか」。こうした突発的な出来事はよくあります。このようなとき秘書は，素早く状況を判断し，対応しなければなりません。上司は今，差し迫った仕事に追われているのか，比較的時間に余裕があるのか，また会いたい人なのか，会いたくない人なのかなど，さまざまな要素を考え合わせる必要があります。

　この例では，上司の友人は特別な用件はなさそうなことから，友人といっても上司は会うかどうか分かりません。そこで「上司が在室しているかどうか確かめてまいります」と言うなど，断ることを想定した対応が必要になります。

2）急病や事故

　上司が社内で倒れたときは，秘書は近くの医師または救急車を手配し，秘書課長あるいは総務部長に知らせます。次に主治医や家族に連絡します。そのため，いざというときに備えて主治医の電話番号などを控えておきます。

　また，応急手当ての心得や救急薬品を用意しておくことも，秘書の心構えの一つです。

3）天災地変

　地震や火災などの天災は，突然やってきます。秘書はトップあるいはトップに近いところの人についているわけですから，そのようなときこそ冷静に対処しなければなりません。

　このようなとき，まず第一に心がけるのは人命です。何はともあれ安全な場所に避難すべきです。来客があれば，もちろん客を優先します。慌てず，落ち着いて行動する，これが大原則です。

4）不法侵入

　秘書室あるいは上司の執務室に陳情者が押しかけたり，強引なセールスがやってくることがあります。このような場合は，一瞬のうちに判断して，適切な処置を取らねばなりません。必要ならば他部署の応援を得ます。さらに必要であれば警察に通報します。いざというとき困らないように，日ごろから準備をしておくことが大切です。

5）機密事項への対処

　秘書はトップのそばにいて機密事項を多く知る立場にありますから，言動には注意しなければなりません。極めて微妙な立場にあることを自覚し，慎重に行動することが求められているのです。

4 効率的な仕事の進め方

- 仕事を定型化・標準化する。そのために仕事の手順を考える。
- 執務時間をフルに活用する。

● 基礎知識 ●

1．業務を定型化・標準化する

　秘書の仕事はこまごましたことが多く，しかも多岐にわたります。それらの業務を効率よく行うためには，業務の定型化・標準化が必要になってきます。秘書業務は内容が広く，突発的なことも多いので定型化・標準化は難しそうに思えますが，以下の2点をマスターすれば合理的な仕事の進め方が身に付くはずです。

1）PDCA サイクルを身に付ける

　漫然と仕事を進めても能率は上がりません。そこで心得ておきたいのが，PDCA サイクル（マネジメント・サイクル）です。Plan（計画）→ Do（実行）→ Check（評価）→ Action（改善）と四つの段階を繰り返しながら仕事を進めることにより，業務にめりはりをつけるのです。作業の処理能力は段階的に伸びていきます。

2）仕事の手順を考える

　「この仕事はどのくらいの時間で処理できるか」をあらかじめつかんでおき，それを基に仕事の手順を考えておくと，仕事の処理スピードは格段に飛躍します。要所ごとにチェックする習慣も付けてください。

2．執務時間をフルに活用する

1）空き時間を有効に使う

　上司が外出しているときは，秘書にとっては比較的暇な時間になります。こうした時間を利用して，日ごろ手を付けられない整理事務を行います。

2）時間の自己管理をはかる

　業務の所要時間を記録しておき，業務の優先順位を考えながら，限りある時間を有効に使うようにします。

チェックポイント ◎仕事が重なったり，時間的に無理だと思われる仕事は，その旨上司に申し出て，優先順位を確認してもらう。

理論編

Ⅲ

一般知識

1　経営に関する知識

> 企業と資本の関係，経営者の役割，組織と管理などを理解する
> ● **資本と経営の関係は，経営学の基本である。**
>
> 企業活動の各機能を十分に理解する
> ● **一口に企業経営といっても，生産，販売，経理などさまざまな側面がある。それらの側面（機能）を理解しないと，経営の全体を捉えるのは難しい。**

● 基礎知識 ●

1．企業と資本

　株式市場に上場されるクラスの会社では，経営と資本が分離されています。これを「経営と資本の分離」といいます。株主（出資者）が多数にのぼるため，経営が高度になり専門化しているためその必要が生じるのです。

　経営者は企業の最高議決機関である株主総会によって企業経営を委託され，その任に当たります。企業資本は株主のほか，金融機関にも依存していますが，最近では「自己資金」の割合を増やす動きが強まっています。

2．経営者とその責任

　株主総会の委託によって経営の任に当たる経営者は，経営を成り立たせるのに必要な従業員，取引先の協力，消費者のニーズ，社会資本の充実など周囲の状況を把握しながら，適正な関係を保ちつつ経営責任を果たしていかなければなりません。そのために経営者は「利害調整職能」「革新職能」「管理職能」などの基本職能を基にして，組織を率いています。

3．企業の組織

　企業の規模が拡大し従業員が増えると，組織を細分化する必要が生まれます。これらの組織の最大特徴は「分業」と「統合」です。「分業」とは業務の目的別に分かれること，「統合」とは各部門をまとめバランスを取ることです。企業の目的は利潤追求ですが，利益を得るためには手段，方法を考え，部門ごとの小目標を設定しなければなりません。さらに社会的責任もあります。それらが総合的に関連し合って，企業活動が成り立つのです。

4．企業の経営機能と経営管理

　組織が目的を達するには，生産・販売・財務・労務といった経営機能（経営業務）を持たねばなりません。これらの機能がフル回転してこそ企業の業績が上がります。そこで必要なのが経営管理つまり組織管理です。

　組織管理で原則となるのが「職務の分担と統合」「責任と権限の明確化」そして「命令の統一」です。これらの原則に基づく管理が適切に行われないと，各機能は円滑に動かなくなります。

5．情報処理

　企業活動をより効率的に進めるためには事務の効率化が必要です。近年ではコンピューターの発達により事務の合理化が急速に進んでいます。また高度に情報化する社会の影響を受け，企業活動の中でも情報処理が重要な業務の一つにさえなっています。

6．マーケティング

　消費者の価値観は多様化し，好みも分散している時代です。顧客が何を望み，どんな方法で売ればよいのかといったマーケティングをしなければ，業績を上げることは難しいでしょう。

　マーケティングには「市場調査」にはじまり，「価格政策」「販売促進」「広告宣伝」「流通政策」「アフターサービス」に至るまでの流れがあります。これらの活動を通じて企業戦略を練っていくのです。

7．人事・労務

　人事とは，組織の構成員がそれぞれの能力を最大限発揮できるよう配置することです。労務とは，人事も含め給与などさまざまな待遇に関する事柄を取り扱うことです。企業は時代の変化に対応しなければなりません。適正な人材の配置が企業活動に大きく影響します。また，著しく条件の悪い待遇は勤労意欲を低下させます。企業活動を効率的に行うには，労務面がよく考慮されているかどうかも重要な鍵となります。

8．会計・財務

　財務とは，企業が事業に必要な資金の調達・運用をし，資本の流れや収支を計算することをいいます。資金の調達とは，必要な資本を予測して調達コストを見積もること，あるいは株式や社債の発行，金融機関から借り入れをすることをいいます。資金の運用とは，土地や建物，原材料など企業活動に必要な各部分へどのくらい資金を投入できるか決めることです。

　会計（経理）はその中で，資本の流れや状態を組織的に記録・計算・報告する役割を担います。経営管理に役立つために内部的に記録・計算するための管理会計（内部報告会計）と，財務諸表を外部に報告するための財務会計（外部報告会計）の2種類があります。これらは複式簿記の原理で記録・計算されます。

9．経営分析と税務

企業は一定期間を経過したときは決算をして「損益計算書」や「貸借対照表」，「キャッシュフロー計算書」などの財務諸表を作成し，出資者（株式会社の場合は株主）に報告する義務があります。

企業にかかる税金には国税・地方税があり，それらは直接税・間接税に分かれます。直接税は所得税・法人税，間接税は酒税・消費税が代表。

10．経営法務

企業活動をめぐる法律はさまざまあります。「商法」「民法」「手形法」「小切手法」「不正競争防止法」など商取引に関するもの，また「労働三法」（労働基準法，労働組合法，労働関係調整法）などの人事・労務に関するものがあります。

知っておきたい用語

法律で定められた会社の種類　「株式会社」「合資会社」「合名会社」「合同会社」の4種類。

法人　法律上の権利，義務のある会社や団体のこと。

会社の運営　株式会社では「株主総会」が最高決定機関。ここで取締役，監査役を選ぶ。取締役および代表取締役が経営者として，業務の執行と会社を取り仕切っていくことになる。

自己資本　自前の資本のこと。資本金のほか資本準備金，利益準備金などを含む。反対が借入金で金融機関からの借り入れ，社債などである。

経営戦略　変動する社会環境に適応して企業を存続，発展させるための長期的な基本方針。

経営多角化　危険分散や副産物の利用などを目的として，数種の業種を同時に経営すること。

減量経営　経費節減，人員削減などで，企業の体質を改善すること。

代表取締役　通称は社長。取締役会で選定され，会社を代表する取締役のこと。

専務取締役　取締役の一員で，常務と共に役付取締役といわれる。社長，副社長に次ぎ，常務と共に常務会を構成する。

プロジェクトチーム　各部の境界領域的なテーマを扱う場合，各部から選抜されたメンバーで構成されたプロジェクトチームがその推進役となる。

ライン・スタッフ組織　各職能を各部門が担当する。製造販売などのライン部門と，それを補佐する総務・経理などのスタッフ部門に分類できる。社長からの命令指揮は，ラインの部長，課長を経て末端まで伝えられる。

人事管理　企業目的達成のための活動と，企業を構成する従業員個々人の欲

求を満たすための活動との間に調和を図るよう管理すること。

人事考課　従業員の昇給，賞与の決定のため定期的に行われる評定。

労働協約　労働組合と使用者（会社など）やその団体との間で取り交わされる協定のこと。内容は賃金や休暇などの労働条件についてである。

就業規則　従業員の規律や労働条件などを，使用者が定めた規則。

財務諸表　主に貸借対照表，損益計算書とキャッシュフロー計算書を指し，経営分析に欠かせない資料である。

貸借対照表　企業の資産，負債，資本の内容を一覧にしたもの。B/S ともいう。

損益計算書　一定期間の企業の経営成績を数字でまとめたもの。P/L ともいう。

キャッシュフロー計算書　一定の会計期間内における企業の資金の流れを明らかにしたもの。

損益分岐点　利益も損失も出ない売上高のこと。一定期間の売上高がその分岐点を超えれば利益が出るし，逆であれば損失である。

自己資本比率　会社の総資本に対する自己資本（借金ではない資本）割合。

減価償却　建物や機械などを使って，価値の減った分を費用と見なして，経理上の処理をすること。

減配　株式の配当の額を減らすこと。

源泉徴収　事業者が国に代わって税を徴収し納付すること。

所得　個人や企業が一定期間内に得る財のことで，賃金，事業所得，家賃，利子などがある。

税務　税金の割り当てと取り立てに関する事務。

所得税　個人の所得に割り当てられる税金のこと。

法人税　法人の所得に割り当てられる税金のこと。

直接税　法人税，所得税，相続税など納税義務者とその税金を負担している人が一致しているもの。

間接税　納税義務は製造販売業者にあるが，商品に税金分を含ませて販売するため実質的に消費者が負担している税が間接税。酒税，消費税など。

社債　株式会社が長期資金調達のために発行する債券。

振出人　手形や小切手を発行した人。

不渡手形　銀行預金が不足して，約束の期日に決済できない手形のこと。

約束手形　振出人がその受取人または所持人に対して，一定の金額を一定の期日に支払うことを約束する証券。

有価証券　金銭的価値がある証券のこと。

一般知識

試験によく出るカタカナ用語集

アウトソーシング	外部委託，外注	セキュリティー	安全
アウトプット	出力	ターゲット	標的
アウトライン	大体の内容のこと	タイアップ	協力して物事を行うこと
アセスメント	評価	ダイレクトメール	宛名広告
アドバタイジング	広告活動	ディスプレー	展示
アビリティー	能力	デッドライン	最終期限
イノベーション	技術革新	デベロッパー	開発業者
イマジネーション	想像，想像力	デモンストレーション	商品の宣伝で実演すること
イレギュラー	不規則	ネガティブ	消極的
インサイダー	部内者	パーソナリティー	個性
インセンティブ	奨励金	バリエーション	変化
インフォーマル	略式	ビジョン	未来像
インフォメーション	情報	フォーマット	形式
インプット	入力	ブラッシュアップ	磨きをかけること
エージェンシー	代理店	フランク	率直，ざっくばらん
オーソリティー	権威者	フレキシブル	柔軟なさま
オファー	申し込み，申し入れ	プレゼンテーション	提示・説明
オプション	自由選択	プレッシャー	圧力
オペレーション	操作	プロダクト	生産，生産品
ガイダンス	指導	プロモーション	販売などの促進活動
ガイドライン	指標	フロンティア	未開拓の分野
キャパシティー	容量	ベースアップ	賃金基準を引き上げること
キャリア	経歴	ヘッドライン	新聞などの見出し
クオリティー	品質，性質，品位	ペナルティー	罰則
クライアント	得意先・依頼者	ペンディング	保留・未決
グレード	等級	ポテンシャリティー	潜在力
クレジット	信用	ポリシー	方針
コミッション	商取引での仲介手数料	マーケティング	製品が生産者から消費者の手に渡るまでの一切の企業活動
コメンテーター	解説者		
コラボレーション	共同		
コンサルタント	企業経営などについて診断や指導をする専門家	メソッド	方法，方式
		ユーザー	使用者
コンシューマー	消費者	ラジカル	急進的
コンスタント	一定	リコール	欠陥ある製品を生産者が回収し,無料で修理すること
コンセプト	基本的な考え方，概念		
コンセンサス	合意	リサーチ	調査または研究
コンタクト	連絡	リストアップ	選び出して名簿等作ること
サジェスチョン	示唆・提言	リニューアル	新装
サンプリング	標本抽出	ルーティンワーク	日常の決まり切った仕事
ジェネレーション	世代	レクチャー	講義
スキル	技能	ローテーション	順番にその役に当たること
ステータス	地位	ロイヤルティー	特許権,著作権などの使用料
スポークスマン	政府や団体の意見を発表する担当者		

近年，出題された用語と意味を試験問題から抜粋した。表示した意味以外にも複数の意味を持つ用語もあるので，辞書等で確認するとよい。

実技編

IV

マナー・接遇

1 接遇マナーの実際

アポイントメントのない客の受付・取り次ぎ
- 突然の来客であっても,「お約束いただいてますか」「何のご用ですか」などと詰問するような態度を取ってはいけない。
- 上司が会うかどうか分からない場合は,上司が在席かどうかは伏せておき,「少々お待ち下さい,ただ今調べてまいります」と言って相手に待ってもらい,上司の意向を尋ねる。

来客が重なったとき
- 上司の来客中にアポイントメントのない来客があった場合には,相手の名前と用件を聞き,取り次いだ方がよいと判断したら,面談中の上司にメモを渡す。上司から指示を得たら,それに従って適切な処置をする。

客が紹介状を持って来たとき
- 紹介者からの事前連絡がない場合は,「少々お待ちください」と言って相手に待ってもらい,上司の意向を尋ねる。疑問が生じたときには,紹介者に電話で確認する。

上司の都合で予約客を待たせるとき
- 30分以内くらいであれば,極力待ってもらうようにお願いする。それ以上待たせるようなら,相手の意向に沿って処置をとる。

● 基礎知識 ●

3級で学んだ基礎知識を踏まえた上で,2級では応用力が問われます。つまり,さまざまな場面や状況に応じて,それぞれ臨機応変な対応ができるかどうかが問われるのです。そのため,ここでは非定型のケースを中心に学んでいきます。

1.接遇の心構え

接遇の目的は,来客が用件を果たすに当たり最大限満足してもらい,その結果好ましい人間関係を築くことです。そのためには誰にでも誠意をもって,公平に接し,しかも正確・迅速に応対することが肝心です。さらにその場にふさわしい服装,態度,言葉遣いが条件です。ただし応対は一様ではありません。場面によって機転を利かせなければならない事態がしばしば発生します。基本を押さえた上で,状況を的確に捉え,臨機応変な対応ができるようになりたいものです。

2．受付と取り次ぎ

秘書は毎日たくさんの来客と接する機会があります。あらかじめ予約を取り，時間通りに訪れるお客さまばかりではなく，予約なしに不意に訪れるお客さまもいます。また上司の方でも，会議が長引いたり，帰社時間が予定より遅れたりして，予約客を待たせることもあります。

このように定型通りに事が運ばないときどのように応対したらよいか，幾つかのケースを想定して，対応策を考えてみましょう。

1）アポイントメントのない来客

まず基本通りにあいさつし，相手を確認し用件を伺います。その上で上司の在否は伏せたまま，「少々お待ちください。ただ今調べてまいります」と言って来客に待ってもらい，上司に連絡して指示を得ます。

①来客が重なったとき

上司の来客中にアポイントメントのない来客があった場合，相手が取引先などで取り次いだ方がよいと判断したら，念のため面会の所要時間を尋ねます。用件を手早くメモし，来客中の上司に届けます。その際，面談中のお客さまには，「お話し中，失礼します」とわびます。上司から指示を得たら，「失礼いたしました」と言って，会釈して下がります。

②転任者があいさつに来たとき

転任や就任のあいさつは，普通予約はしません。この場合秘書は「ご丁寧にありがとうございます」などとあいさつし，すぐに上司に取り次ぎます。上司は短時間のあいさつで済む相手の場合は，会議中や来客中であっても席を外すこともあるからです。上司が不在のときは，代理の人に出てもらうなどしてあいさつを交わすこともあります。

③紹介状を持ってきた来客の場合

普通は紹介者からその旨事前に連絡があります。そうした場合，秘書は「○○様からご連絡いただき，お待ちいたしておりました」とあいさつし，上司に取り次ぎます。その際，秘書は相手が持ってきた紹介状を受け取り，そのまま上司に渡します。紹介者から事前に連絡がない場合は，相手に待ってもらい，上司の意向を尋ねます。疑問が生じたときには，紹介者に電話で確認する場合もあります。

2）上司の都合で予約客を待たせるとき

予約客が約束の時間通りに来社したのに，上司がまだ会議中であったり，帰社時間が遅れたりした場合には，「あいにく会議が長引いておりまして，大変申し訳ございませんが，10分ほどお待ちいただけますでしょうか」などと，お客さまを待たせる理由と時間を述べ，待ってもらえるかどうか相手の都合を聞きます。このような場合，待ち時間が30分以内であれば，相手の都合を聞

いた上で，極力待ってもらうようにお願いします。それ以上の場合は，お客さまの意向に沿って，伝言を聞く，代理の人に会ってもらう，再度来訪してもらうなどの処置をとります。

3．紹介の仕方

　　秘書は職務柄，人を紹介したり，紹介されたりする機会が多いものです。その際のマナーを整理します。

　　紹介の順序は下位の人を先にするのが原則です。これは，上位の人に下位の人の情報を先に伝えるためです。

1）地位の上下があるときは，地位の低い人を先に紹介します。

2）年齢の差があるときは，普通若い人を先に紹介しますが，特別の地位にある人はこの限りではありません。

3）社外の人を社内の人に引き合わせるときは，社内の人を先に紹介します。

4）他社を訪れたときは，訪問した方が先に同行者を紹介します。

5）上司や知人に自分の家族を紹介するときは先に自分の家族を紹介します。

6）一人を大勢の人に紹介するときは，まず一人をみんなに紹介します。

4．身だしなみのマナー

　　秘書に求められる身だしなみのポイントは，調和が取れ，清潔であり，機能的であることです。この三つのポイントに照らし合わせて，自らの身だしなみをチェックする習慣を付けておくことが大切です。

　　以下に身だしなみの注意点を幾つか挙げてみましょう。

1）服装は清潔で機能的，上品な配色を心がける。派手で奇抜なものは不適。

2）アクセサリーなどは控えめに。

3）ナチュラルメイクが基本。マニキュアや口紅などは色の濃いものを避ける。

4）清潔でまとまりのある髪形。

5）中ヒール程度のシンプルな靴。飾りの多いものやハイヒールは避ける。

チェックポイント

◎応接室で客が下座に座ってしまったら，秘書は「どうぞこちらの方へおかけください」と上座に当たるところへ座るように勧める。

◎来客から名刺を受け取るときは，目礼して両手で丁寧に受け取るのがマナー。

◎お茶を出すときは，茶たくがぬれないように，お盆にお茶と茶たくを別々に載せて運ぶようにする。

◎紹介するときは，地位に上下がある場合には下の人から先に，親疎の差がある場合には親しい人から先に紹介する。

◎一見して相手に違和感を与えるような服装，化粧は秘書として失格。

2 人間関係と話し方・聞き方

言葉はコミュニケーションの手段
- 両面通行の会話が，好ましい人間関係をつくる。

好ましい人間関係をつくる「話し方」
- 話す内容と意味を自分で十分に分かっている。
- 分かりやすい言葉で話す。
- 正しい言葉遣いで話す。
- 具体的に話す。
- 感じのよい話し方をする。

好ましい人間関係をつくる「聞き方」
- 相手の言うことを素直に聞く。
- 話の要点をつかむ。
- 聞いていることを態度で表す（相づちを打つ）。
- 話の腰を折らない。
- 曖昧な点や分からない点を尋ねる。
- 話し手の真意をつかむ。

● 基礎知識 ●

好ましい人間関係をつくるための「話し方」「聞き方」を身に付けるためには，以下のような項目を整理し，理解することが基本になります。

1．言葉はコミュニケーションの手段

私たちは日常「言葉」という記号を使って，コミュニケーション活動をしています。自分の気持ち，意見，意思を他の人に伝えるとき，言葉で表現します。また，他人の気持ちや考えも，言葉を通して知ることができます。つまり話すことは，そのまま人間関係をつくることにつながっているのです。

こうしたことを言葉で言うのは簡単ですが，実際にはなかなかうまくいかないことが多いものです。どのような点に注意すべきか考えてみます。

2．好ましい人間関係をつくる「話し方」

伝えたいことを相手に正しく伝えるために，以下のポイントが大切です。

1）話す内容と意味を十分に理解していること

自分が何を話しているのかがはっきりしなくては，もとより他人には分かるはずがありません。話す前にポイントを整理する必要があります。

マナー・接遇

２）分かりやすい言葉を使う

　　知識を披露するのが目的ではありません。相手に理解してもらうために，できるだけ平易な言葉で話します。難解，抽象的な表現は避けます。

３）正しい日本語で話す

　　言葉を正しく使うこと。例えば「全然楽しい」という表現は仲間うちならともかく，秘書としては不適切な表現です。

４）具体的に話す

　　抽象的に話されると，何が言いたいのかよく分かりません。話を具体的にするためには，「数字で表せるものは，できるだけ身近なデータを使う」「平易な言葉を組み合わせた簡潔な短い文で話す」「物の形，大きさ，機能などの説明にはよく知られているものに例える」などの方法があります。

５）感じのよい話し方をする

　　感じのよさは明るい語調から生まれます。また，相手の気持ちを考えて話をすることが感じのよさにつながります。

３．好ましい人間関係をつくる「聞き方」

　　相手の言うことを正しく理解するためには以下のことが基本になります。

１）相手の言うことを素直に聞く

　　話を聞くときは，相手の言っていることを，まず受け入れることが大切です。聞くことは心を開くことであり，心の広さ，余裕の表れです。

２）話の要点をつかむ

　　相手の話の部分的なところに捉われずに，話の中心をつかむようにします。要点を押さえながら聞き，個々の情報はその中に位置付けます。

３）聞いていることを態度で表す（相づちを打つ）

　　聞き手が熱心に聞いてくれると，話す方も意欲が湧いてきます。相手をよく見て，相づちを打ちながら聞くなど，言葉だけでなく，好意的な表情や態度が相手に安心感を与えます。

４）話の腰を折らない

　　自分の話したいことがあると，話の途中でも平気で割り込む人がいますが，これでは相手を不愉快にします。話は最後まで聞くことが大切です。

５）曖昧な点や分からない点を尋ねる

　　疑問点があれば，話に区切りがついたところで質問します。相手の話している内容を正確につかみ，食い違いを起こさないようにします。

６）真意をつかむ

　　話し手の真意をつかむには，言葉だけに頼らず，表情，態度など周辺言語からも読み取る努力をしましょう。聞き手としてこのレベルまで到達できれば，相手に満足を与えることができるでしょう。

3 敬語の使い方

> ● 尊敬語と謙譲語を混同しない。
> ● 二重敬語に注意。
> ● 社外の人に対して，社内の人への敬語は使わない。

● 基礎知識 ●

1．敬語の種類

　敬語には，直接的に相手に敬意を表す「尊敬語」，自分のことをへりくだって間接的に敬意を表す「謙譲語」，表現を丁寧にし，相手に敬意を表す「丁寧語」の3種類があります。

1）尊敬語の形

　①「れる」「られる」を付けて敬意を表す形式

　　例）行かれる，歩かれる，話される

　②「お（ご）〜なる」の形式

　　例）お聞きになる，お待ちになる，ご覧になる

2）謙譲語の形

　①「お（ご）〜する」の形式

　　例）ご案内する，お会いする，お送りする，お知らせする

　②「お（ご）〜いただく」「お（ご）〜願う」の形式

　　例）お考えいただく，ご案内いただく，お待ち願う

　③「〜ていただく」の形式

　　例）渡していただく，話していただく，知っていただく

3）丁寧語の変化

　丁寧語の3段階は，下表の通りです。これらの言葉は，相手との人間関係やその場の状況によって変わります。

普通の言い方（常体）	丁寧な言い方（敬体）	改まった言い方（最敬体）
する	します	いたします
ある	あります	ございます
聞く	聞きます	承ります
食べる	食べます	いただきます
思う	思います	存じます

マナー・接遇

165

２．違う言葉に置き換えて敬語にする形（交換形式）

　前項で述べた，普通の動詞に言葉を付け加えて尊敬語や謙譲語に変える形式の他に，敬語用の言葉に置き換えて使う方法もあります。代表的なものを表にまとめました。

普通の言い方	尊　敬　語	謙　譲　語
する	なさる	いたす
言う	おっしゃる	申す
聞く	お耳に入る	伺う，拝聴する
見る	ご覧になる	拝見する
行く	いらっしゃる	参る，伺う
来る	いらっしゃる	参る
いる	いらっしゃる	おる
食べる	召し上がる	いただく
知っている		存じ上げる
会う		お目にかかる，ご覧に入れる
着る	召す	
見せる		お目にかける，ご覧に入れる
気に入る	お気に召す	
与える	賜う，くださる	差し上げる
訪ねる	いらっしゃる	お邪魔する，伺う
借りる		拝借する

３．間違えやすい職場の敬語

１）尊敬語と謙譲語を混同しない

　誤）受付で伺ってください

　正）受付でお聞きになってください

　誤）会社に参られるのをお待ちしております

　正）会社にいらっしゃるのをお待ちいたしております

２）二重敬語に注意

　誤）お客さまがおいでになられました

　正）お客さまがおいでになりました

　誤）部長がそうおっしゃられました

　正）部長がそうおっしゃいました

３）動物や自然現象などに敬語は使わない

　誤）今日は風がお強いですから，お気を付けください

　正）今日は風が強いですから，お気を付けください

　誤）社長のお宅には，素晴らしい犬がいらっしゃいます

　正）社長のお宅には，素晴らしい犬がいます

4）社外の人に対して，社内の人を言うときは敬語，敬称は使わない

　誤）社長さんは3時に戻るとおっしゃっていました

　正）社長の○○は3時に戻ると申しておりました

　＊ただし，話す相手が社内の人の身内であれば，敬語，敬称を使います。

覚えておきたい接遇用語

　来客との会話では多少改まった言葉遣いが必要になります。以下に秘書がよく使う接遇用語を挙げておきましたので，参考にしてください。

普通の言葉	丁寧な言葉（接遇用語）
わたし，わたしたち	わたくし，わたくしたち
誰	どなた様，どちら様
○○会社の人	○○会社の方
ないんです	ございません
そうです	さようでございます
ごめんなさい，すみません	申し訳ございません
分かりました	かしこまりました
いいです	承知いたしました
分かりません	分かりかねます
知りません	存じません
できません，やれません	いたしかねます
そうですね	ごもっともでございます
いいですね	大変結構でございます
すみませんが	恐れ入りますが
どうでしょうか	いかがでございましょうか
せっかく来てくれたのに	せっかくおいでくださいましたのに
声が聞こえないのですが	（少々）お声が遠いのですが
ちょっと待ってください	少々お待ちください（ませ）
今席にいません	ただ今席を外しております

マナー・接遇

4 電話の応対

電話が聞き取りにくいとき
● 聞き取りにくいことを相手に伝えた上で，場所や受話器を変えてみる，改めてかけ直すなど対処する。

上司に取り次ぐとき
● 上司が在席の場合は，相手と用件を確認して取り次ぐ。
● 上司が不在のときは相手に不在を告げ，「ご用件をお伺いできますでしょうか」と伝言を承る旨申し出る。
● 上司が会議中，来客中に緊急で電話を取り次ぐ場合は，用件の概略をメモにして上司に伝える。口頭での取り次ぎは避ける。

複雑な内容を説明するとき
● 電話では要点だけを話し，後は直接会って話すか，あるいは文書にするなど，別の手段を考える。

相手の話が要領を得ないとき
● 「お尋ねの件はこれこれでございますね」など話をまとめる手助けをする。

間違い電話がかかってきたとき
● 「こちらは○○番ですが……」と相手に間違いを気付かせる。

● 基礎知識 ●

1．電話が聞き取りにくいとき

電話は相手の顔が見えませんから声だけが頼りです。相手の言葉が聞き取りにくいときなど，何度も聞き返すわけにもいかず困ることがあります。このような場合の対応策を挙げてみます。

1）聞き取りにくいことを相手に伝える

「申し訳ございません。お声が少々遠いようですが……」などと伝えます。

2）場所や受話器を変えてみる

周りが騒々しくて電話が聞き取りにくい場合は，「恐れ入りますが，静かな場所に移りますので，少々お待ちくださいませ」などと言って，場所や受話器を変えてみる。

3）改めてかけ直す

内容によっては大きな声で話せない場合もあります。そのようなときは，相手の立場を考えて「後ほど改めてお電話をいたしたいと思いますが，いかがで

しょうか」と言うのも一つの方法です。

2．上司に取り次ぐとき

　秘書が受ける電話は，上司への取り次ぎが主なものになります。次に三つの
ケースに分けて，電話の受け方の要領を述べてみましょう。

1）上司が在席しているとき

　上司への取り次ぎを求められたら，直ちに取り次ぐのが原則です。しかし，
あらかじめ用件を聞いてから取り次ぐ場合や，上司の指示によって直接応答す
る場合もあります。上司に代わるときは，相手に同じ話を繰り返させないで済
むように，用件を要領よく伝えるようにします。

　上司が電話口まで時間がかかりそうなときは，「長くなりそうですが，こち
らから折り返しおかけいたしましょうか。それともこのままお待ちいただけま
すか」と，こちらから声をかけ相手の意向を伺います。

2）上司が不在のとき

　上司が不在のときは，「あいにく社長の○○は外出しております。私は秘書
の△△と申しますが，お差し支えなければご用向きを承っておきますが」のよ
うに，積極的に応対するように心がけます。伝言を頼まれたら，５W３Hの
要領でメモを取り，復唱して確認をとります。メモには，相手の名前と会社名，
電話番号，用件，電話連絡の必要，受付日と時刻，受付者の名前を明記し，上
司が帰社したら電話のあったことを口頭でも伝えます。

3）上司が会議中（来客中）のとき

　「あいにく席を外しておりますが，お急ぎのご用向きでしょうか」と尋ね，
緊急と判断したら，いったん電話を切って上司にメモで伝え指示を得ます。

3．複雑な内容を説明するとき

　込み入った話をするときは，電話だけに頼るのは考えものです。電話では要
点だけを話し，後は直接会って話すか，文書で知らせるなど，別の手段で詳し
く説明する方が間違いがありません。

4．相手の話が要領を得ないとき

　「お尋ねの件は（ご用向きは）これこれでございますね」などと，話をまと
める手助けをします。「おっしゃりたいことは何ですか」のようにそっけない
応対はしないように注意しましょう。

5．間違い電話がかかってきたとき

　「お間違えではございませんでしょうか。こちらは○○番（△△社）でござ
います」と，名乗ります。先方の非であっても丁寧に応対します。

マナー・接遇

5 効果的な報告の仕方

事実を報告する
- ● 独り合点や憶測の入っている報告は，その後の対応を誤らせる。
- ● 意見を求められたときは事実と自分の意見や憶測とをはっきり区別する。

具体的に報告する
- ● 報告の内容をまとめるときは，「YTT方式」「5W3Hの原則」を参考にする。

● 基礎知識 ●

1．事実を報告する

　報告は事実に基づき，正確に行われなければなりません。独り合点や憶測の入った報告では，報告を受けた人の判断，対応を誤らせることになります。意見を求められたときは，「私の意見としては……」と，事実とははっきり区別できるような形で話します。

2．具体的に報告する

　報告内容を具体的にするには，次のような心構えが求められます。
①報告する事柄をいろいろな角度から検討する。
②報告する事柄を十分に準備する。
③報告の原則に従ってまとめる。
④報告文にするときには，その文章を十分に練り上げる。
⑤被報告者から疑問点を出させ，それに答えられるだけの内容を用意しておく。
　内容をまとめる際には，次の要点を踏まえましょう。
　「YTT方式」 Y＝結果の報告（過去 Yesterday），T＝現状の報告（現在 Today），T＝将来の予測（未来 Tomorrow）をキーワードにしたまとめ方。
　「5W3Hの原則」 When, Where, Who, Why, What, How の5W1Hに，How many（どのくらい），How much（幾ら）を加えたもの。

3．表現に気を付ける

　「すごく」「非常に」「ひどい」など過激さを表す形容詞や副詞，「絶対に」などの断定の表現は，誤解を招きやすいので避けるようにします。

6 分かりやすい説明の仕方

予告をしてから説明に入る
● 先に概略を説明する，要点を述べる，用件の件数を予告するなど。

順序よく説明する
● 順序の組み立て方として，場所的，時間的，空間的配列および因果関係による配列などの方法がある。

要点を繰り返す
● 長く，複雑な内容を説明するときは，要点を繰り返すことによって重要箇所を強調する。

● 基礎知識 ●

１．複雑な内容の説明の仕方

　上級秘書になると複雑な内容を説明する場面もしばしばあります。一般に簡単なものは，口頭説明で足りますが，複雑になるとメモを使ったり，報告書などの文書にまとめて説明する必要も出てきます。以下にその際のポイントを挙げます。

１）予告をしてから説明に入る

　長い話をするときは，あらかじめ「これこれについて説明します」と予告すれば，聞く側も話を受け入れる態勢をとれ，説明の効果を上げることができます。予告の仕方は概略（アウトライン）を述べる，要点（ポイント）を示す，説明する件数を挙げるなどあります。

２）順序よく説明する

　どのような順序が一番分かりやすいかは，話の内容によってさまざまです。代表例としては「時間的な配列」「空間（場所）的な配列」「既知から未知への配列」「重要度に従った配列」「因果関係（原因から結果へ，またはその逆）による配列」などがあります。

３）要点を繰り返す

　「今まで話したことの要点は二つ。一つ目はこれ，二つ目はこれ」というように，整理しながら説明すると，記憶にとどめやすくなります。

マナー・接遇

7　説得の仕方と断り方

> 説得を成功させるための条件
> ● 「相手の不安を取り除く配慮（心理面，能力面，経済面，物理面）」「タイミングを見計らい，積極的に働きかける」「繰り返し，時間をかけて説明する」「ときには第三者の力も借りる」
>
> しこりを残さない断り方（逆説得）
> ● 「最後まで相手の話を聞く」「先手を取って，予防線を張る」「『ノー』をはっきり言う」「断る理由や根拠を示す」「代案があればそれを示す」

● 基礎知識 ●

1．説得の方法
1）チャンスを逃さず，積極的に働きかける

　　タイミングを逃さず，積極的に働きかけます。これを誤ると，相手がちゅうちょしたり，不安に思ったりしがちです。

2）繰り返し時間をかけて説得する

　　1回で説得できるとは限りません。必要ならば何回でも説得します。

3）第三者の力を借りる

　　自分の力だけではどうにもならないときは，他人の力を借ります。

2．しこりを残さない断り方（逆説得）
1）最後まで相手の話を聞く

　　秘書は人からの依頼や説得に対して，相手の気持ちを損なわないような断り方ができなければなりません。たとえ最終的に断るにしても，最後まで相手の話に耳を傾けて誠意を示します。

2）先手を取って，予防線を張る

　　多忙で時間が取れない旨伝えるなど，予防線を張るのも効果的です。

3）「ノー」をはっきり言う

　　曖昧な断り方をしたのでは，相手は都合よく解釈します。明らかに駄目なときははっきり「ノー」を言うことも重要です。

4）断る理由や根拠を示す，代案を提示する

　　断る理由，根拠をきちんと示し相手に納得してもらうことが必要です。また，代案があるならば提案してあげるとよいでしょう。

8 効果的な注意の仕方

> 注意を受けるときの基本的な心構え
> ● 誰が言ったかではなく，何を言われたかを考える。
> ●「申し訳ありません」と素直にわびる。
> ● 責任を回避しない。
> ● 注意された内容を冷静に受け止める。
>
> 注意するときの基本的な心構え
> ● 原因をつかむ，事実関係を確かめるなど，注意するに当たっては十分に下準備をする。
> ● 注意するときは，相手の気持ちを考えながら話す。
> ● 注意した後も，責任を持って相手を見守る。
> ● 自分の立場をわきまえ，どうすれば相手に受け入れてもらえるか考える。

● 基礎知識 ●

1．注意を受けるときの基本的な心構え

　自分のことは分からないもので，人から指摘されて初めて気付くことが多々あります。特にマイナス面を指摘してくれる人がいれば，それを改めることによって人間的にも成長できます。とはいえ自分のマイナス面を指摘されると，反発したくなるのが人情です。しかし，それではせっかくの注意も生かされません。そこで注意を受けたときは，「誰が言ったか」ではなく「何を言われたか」を重視し，冷静に受け止めること，さらに非があれば素直に謝ることです。

2．注意するときの基本的な心構え

　注意の目的は，相手に気付かせて改めてもらうことですが，仕方によってはかえって反発を招き，逆効果になります。それだけに注意は慎重に行わなければなりません。注意するときの注意点を以下に挙げます。
① 原因を分析する，事実関係を確かめるなど，話す内容を十分準備する。
　感情に任せた言い方は厳禁。
② 注意は1対1が原則。他人の前での注意は反発感情を招く。
③ 相手の長所を認めながら話すなど，相手の気持ちも配慮する。
④ 注意したことが改まっているか責任を持ってフォローする。
⑤「……と思うのですが，いかがでしょうか」と提案するような形にする。

マナー・接遇

173

9 交際の業務

慶事に関連した秘書業務
● 招待状を発送するときは，招待状に整理番号を書き入れておくようにする。

弔事に関連した秘書業務
● 関係者の訃報に接したときは，逝去の日時，通夜の場所，葬儀の形式（宗教），喪主の氏名と電話番号など必要事項を確かめてから，上司に報告する。

弔事の心得
● 仏式，神式，キリスト教式のそれぞれの礼拝の仕方を心得ておく。

贈答の心得
● 現金の包み方は祝儀と不祝儀によって異なる。それぞれのマナーを知る。

慶弔時の服装
● スタッフとして結婚式に出席する場合は，準礼服が適当。
● 弔事の際は，光沢のない黒のワンピース，スーツなど。アクセサリーは結婚指輪以外は着けない。ただしパール（一連のネックレス）はよい。

● 基礎知識 ●

1．慶事に関連した秘書業務

　　上司主催の祝い事には，秘書もスタッフとして加わります。招待状の印刷，発送，当日の受付，控室の準備，車の手配などが主な仕事です。裏方へのご祝儀などの心配りも欠かせません。招待客が多数の場合は，招待状に整理ナンバーを付けて当日持参してもらうなど，受付に用意したリストと素早く照合できるように工夫します。

　　結婚披露宴の式次第は一般に，①司会のあいさつ・始まり，②媒酌人のあいさつ，③主賓の祝辞，④乾杯，⑤食事，⑥来賓あいさつ，⑦両親に花束贈呈，⑧両家あいさつ，⑨閉会のあいさつと続きます。

2．弔事に関連した秘書業務

　　関係者の訃報に接したときは，①逝去の日時，死因，②通夜の場所，日時，

③葬儀の形式，場所，日時，④喪主の氏名，住所，電話番号，をまず確認し，さらに場合によっては，社内からの参列者を確認して上司に報告します。

　秘書が上司の代理で告別式などに参列する場合は，受付で上司の名前を記帳し，（代）と書き添えます。

３．弔事の心得

　弔事は「通夜」，「葬儀」，「告別式」の順で行われ，仏式や神式では葬儀の後すぐ告別式が行われます。

　通夜で一晩過ごすのは，遺族やごく近しい親戚だけで，その他の人は定められた時間に参列します。上司が故人と関係が深かった場合は，通夜にも参列することになります。

　葬儀は，遺族や親戚などが集まって行う儀式で，仏式の場合は僧侶の読経や遺族，親戚の焼香が行われます。葬儀の後，引き続き告別式が行われます。告別式は故人と縁のあった人たちが最後の別れを惜しむ儀式で，参列者は進行係の案内に従って前の方から順次焼香していきます。葬儀・告別式とも時間が定められているので，告別式に参加する場合はその時間内に行きます。

　①仏式の告別式では，一般的に祭壇の両側の席に遺族と親族が並び，祭壇の正面の席に会葬者が座ります。②僧侶の読経が始まり，会葬者は前の席から順に焼香します。③用事がある場合は，焼香が済んだらそのまま帰ってもよいですが，できれば告別式が終わってからの出棺を見送るようにします。④告別式で取引先など顔見知りの人と出会っても，黙礼する程度であいさつなどは慎むのが礼儀です。⑤告別式では，喪主にあいさつしないで帰ってもよいことになっています。

４．贈答の心得

　祝い事や弔事の際，現金や品物を贈るときの，のし紙に書く文言を「上書き」と言います。贈る趣旨を表す言葉を上半分に（表参照），贈り主の名前を中央下部に書きます。連名のときは，右側を一番上位の人にして順に署名します。贈り主の名前は上部の字よりやや小さく，弔事のときは薄墨で書くようにします。

	上書きの用語	適　用　例
慶事	御　祝	結婚・結婚記念日・出産・新築・開店（業）・入学・卒業などの一般慶事。
	寿	結婚・結婚記念日・賀寿など。
	内　祝	慶事・出産・快気祝い・新築の当人からのお返し。

上書きの用語		適　用　例
弔事	御霊前・御香典・御香料／御仏前	仏式の葬儀・告別式／法要。
	御霊前・御神前・御玉串料・御榊料	神式の葬儀・告別式・霊祭。
	御霊前・御花料・御花輪料	キリスト教会の葬式・追悼・記念式。
	御ミサ料	カトリックの場合の葬儀。
	志・忌明	香典返し。仏式・神式の場合。
	御布施	葬儀や法事で，僧侶に出すお礼。
その他	謝礼・薄謝・寸志	一般のお礼。 寸志は祝儀・不祝儀に関係なく，目下の人に謝礼を包むときに使う。
	御見舞・祈御全快	病気・けが・入院したとき。
	御見舞・震災（水害）御見舞・火災（近火，類焼）御見舞	災害や火災などのお見舞。
	記念品・記念品料・御餞別	転勤や送別会のとき。
	粗品	他家訪問のときの手土産。
	御祝儀・御奉納	地域の祭礼への寄付，心付け（チップ）。

5．慶弔事の服装

1）結婚式

　　男性は略礼服かダークスーツに白ネクタイが一般的です。女性は正式にはアフタヌーンドレスかイブニングドレスですが，上司の子女の結婚式などでスタッフとして出席するときは，終了後に職場に戻って仕事をすることもあるので，準礼服や改まったスーツで十分です。

2）弔事

　　遺族，親族などの男性はモーニングですが，一般会葬者は略礼服かダークスーツでよいでしょう。白ワイシャツ，黒ネクタイ，黒靴，黒靴下とします。

　　女性は喪服ないしは光沢のない黒のワンピース，スーツを着用します。靴，靴下，ハンドバッグも黒で統一します。化粧は控えめにし，結婚指輪，パール（一連）以外のアクセサリー類は着けないようにします。

チェックポイント ◎「寸志」は祝儀，不祝儀に関係なく，目下の者に対しての謝礼を包むときに使われる上書き。

実技編

V

技能

1 会議の目的と形式

会議の目的
- 出席者相互のコミュニケーションを図る場
- 情報伝達，意見交換，アイデアの収集，合意に基づいた意思決定の場

会議の形式
- 公開の会議としては，パネル・ディスカッション，シンポジウム，フォーラム，バズ・セッションなど。
- 非公開の会議としては，連絡会議，諮問答申会議，意思決定会議，アイデア会議，研究会議，研修会議など。
- 株式会社の重要会議として，株主総会，取締役会，常務会がある。

会議についての秘書の心得
- 会議用語の意味を理解する。
- 国際化時代を反映して国際会議が頻繁に行われるため，英語（語学）などの教養，知識を身に付ける。

● 基礎知識 ●

　トップクラスの役職者の場合，仕事の大半を会議が占めているといっても過言ではありません。そのため秘書は，会議がスムーズにはかどるように，準備から後始末まで手際よくサポートしなくてはなりません。

1．会議の目的

　会議はコミュニケーションを図るためのものですが，その狙いは，①衆知を集める，②合意を得る，③共通の結論を得る，④チームワークをよくするなどです。これらのポイントを踏まえた上で会議がスムーズに運ぶように上司の手助けをします。

2．会議の用語

招集・召集　関係者に会議への出席を呼びかけること。「召集」は国会だけに使われ，一般的には「招集」と言う。

議案　協議する項目のこと。複数の場合は「第１号議案」「第２号議案」のように番号を付けて区別する。

定足数　会議の成立・議案の決定に必要な最少人員数のこと。

一事不再議の原則　一度会議で決定した事項は，その会期中二度と持ち出せないという原則。

議決権 議案の決議に参加する権利のこと。

動議 会議中に予定以外の議題を出すこと。または，その議題のこと。

採択 議案や意見を取り上げて，受け入れること。

採決 挙手，起立，投票などで，問題の可否を決定すること。

諮問・答申 上級者（組織）が下級者（組織）に何かを尋ねることが諮問，その答えが答申。

諮問委員会 諮問された問題を検討し，答申を行う機関。

オブザーバー 会議などの参加者で，議決権のない人。

3．公開会議の形式と目的

新製品発表や研修のための討論会など，幾つかの形式があります。

パネル・ディスカッション 相互に知識を広める目的で代表者5～6名がパネリストとして討議を行い，参加者が聴衆となる形式。パネリストは最後に聴衆から質問を受ける。

シンポジウム さまざまな立場の意見が必要なとき，4～5人の専門家が異なった立場でそれぞれ意見を発表し，聴衆と質疑応答する形式。

フォーラム 公開討論会のこと。予定された講義や討論の後，参加者全員が意見交換する形式。

バズ・セッション 参加者が多数の場合，小グループに分かれて討議をしてその後，各代表者が結果を報告する形式。

4．非公開会議の形式と目的

社内会議のほとんどは非公開で，大部分は参加者全員が自由に討論できるような円卓式で行われます。

説明会議（連絡会議） 伝達や連絡のために行われる頻度の高い会議。

問題解決会議（意思決定会議） メンバーに意見を出させ，問題を解決するための最善策を討議するもの。経営管理上の決定権限を持っている。

研究会議 研究の促進や研究発表のために行われる会議。情報交換，相互啓発の目的も含む。

研修会議（教育・訓練会議） 与えられた課題に沿って参加者が討議する相互啓発の促進を目的とする教育方式。

アイデア会議 商品名やキャッチフレーズを決める際によく使われる。メンバーが自由にアイデアを出し合う。

5．株式会社の重要会議

株主総会 株主が集まり会社運営上の基本事項を定める最高機関。年1回以上の開催が義務付けられている。

取締役会 取締役が集まり，経営活動全般の基本方針を決定する。

常務会 社長の補佐機関として，会社の業務執行の最高方針を決める重要な会議。

技能

2 会議と秘書の仕事

会議の計画作り
- 出席者に都合のよい会議場を選定する。
- 議題に関する情報収集と進行表を用意する。
- 開催通知の仕方とその期限を検討する。
- 会議場のレイアウト，用具の準備。
- 会議中の記録の方法と手順について考える。
- 飲み物や食事など会議中の接待について考える。

会議運営の手助け
- 出欠を確認した上で，出席状況を上司に報告する。
- 冷暖房，換気，騒音など会議場の管理をする。
- 会議中の電話の取り扱いに注意する。
- 茶菓や食事など，出席者への接待を行う。
- 秘書も議長を把握しておく。

会議の事後処理
- 社外出席者用の車の手配，会議場の後片付けなど。

議事録作成

● 基礎知識 ●

1．会議の準備と計画

　上司の関係する会議については，秘書は次のことを把握しておく必要があります。どういう目的の会議か，上司が主催するのか単なる出席者なのか，社内の会議か社外の人を招いて行う会議か，定例会議か臨時会議かなど。上司が主催する場合の秘書の役割を以下にまとめます。

1）会議の計画

　上司とよく相談した上で準備します。特に会場の選定については次の点に注意します。①人数に対して広さは適当か，②明るさは適当か，③騒音が気にならないか，④室温，換気は調節できるか，などです。外部の会場を使うときは下見をし，会場のスタッフとも打ち合わせしておきます。

2）会議の開催案内

　会議開催の連絡方法には，文書・電話・口頭・社内メールなどがあります。社内の場合は電話・社内メールや簡単な文書で通知しますが，社外の場合は案

内状を出します。期限は約1カ月前が目安です。

　案内状には会議の名称,議題（開催の主旨）,開催場所（地図,電話番号などを別紙で添える）,出欠の連絡方法と締切日,主催者と連絡先（担当者名も）を記入します。さらに駐車場の有無,食事を出すときはその旨,資料や注意事項なども添えるとよいでしょう（図1参照）。

3）会議の設営

　まず座席の配置をします。人数,会議の目的,会場の広さなどに応じて考えましょう。参加人数が少ない場合は,フリートーキングしやすいように円卓式かロの字形がよく用いられます。人数が多い場合は教室式（議事式）がよいでしょう（図2参照）。座席の配置が決まったら必要な備品をセットします。

図1　臨時役員会開催通知状の例

令和○○年○月○日

役員各位

日本○○事業協議会
会長　　○○　○○

臨時役員会の開催について（ご通知）

拝啓　平素は格別のご高配を賜り,厚く御礼申し上げます。
　さて,当協議会創立20周年記念行事の開催について,下記の通り臨時役員会を開催いたしますので,ご出席くださいますようお願い申し上げます。
敬具

記

1　日　時　令和○年○月○日（水）15時から16時30分まで
2　場　所　○○ホテル　6階会議室
3　議　題　創立20周年記念行事について
4　ご出欠　○月○日までに,同封の出欠はがきでお知らせください。

なお,会議終了後,懇親会を行います。ご都合のつく方はご参加ください。

同封　1　日本○○事業協議会創立20周年記念行事（案）1
　　　2　出欠はがき　　　　　　　　　　　　　1　　以上

担当　△△株式会社　秘書課
電話　03-3200-6675

図2　机と椅子の配置

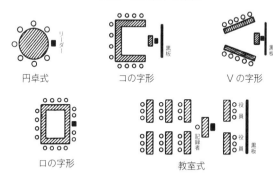

円卓式　　　コの字形　　　Ｖの字形

ロの字形　　　　教室式

2．会議中の仕事

1）出欠調べ

　秘書はあらかじめ出席予定者の一覧表を作成し,会場で出欠を取り,出欠状況を上司に報告します。定刻になっても来ない人には電話で連絡を取り,開始を遅らせるときには了解を取ります。

2）会議中の電話

技能

上司と事前に相談し，取り次ぎはどうするかを決めておきます。ただし緊急度，重要度によっては，その場で秘書が判断します。

3）会議場の管理

会議場の冷暖房，換気，騒音などの配慮，調節をします。また関係者以外の部屋の出入りのチェックや，預かった持ち物の保管も確実に行います。

4）接待

会議中の飲み物や食事のサービスも秘書の仕事です。長時間にわたる会議の場合，頃合いを見計らって飲み物を出します。午前1回，午後1回くらいが目安でしょう。食事は前もって出席者に希望を聞いておくなど，予定時間にきちんとサービスできるように事前の準備をしておきます。

3．会議の後始末

会議が終わったら秘書は出席者を送り出して後始末をします。その際次のことがポイントになります。①車で帰る人の配車手配，②預かった荷物の返却，③伝言のある人への連絡，④忘れ物の点検，⑤火の後始末，⑥冷暖房，換気扇，照明のスイッチオフおよび戸締まり，⑦手伝ってもらった人に対するお礼。

4．議事録の作成

議事録には簡単なものから公式なものまでありますが，いずれにしても分かりやすい記録が必要です。会議の経過を明らかに結論は明確にします。

1）公式の議事録

株主総会などの議事録は会社法で作成が義務付けられています。議事内容は，どういう手順で誰が議長に選ばれたか，誰を議事録署名人にしたか，どんな議案で誰が発言し，どう採決されたかを簡潔にまとめます。

2）略式の議事録

社内での簡単な会議の場合は，メモを基に作成し，上司にチェックしてもらった上でまとめます。作成した議事録は，関係者に回覧したり，複写して配ったりします。原本は大切に保管し，社外秘の事項については内容が漏れないようにするのも秘書の仕事です。

図3　議事録の例

3 社内文書

基本は正確な内容と分かりやすく簡潔な文章
- 規定など不特定者に宛てる文書に「である」体を使う以外は、たいていの文書は「です・ます」体。標題を付け、その末尾に（　）で文書の性質を表す言葉を入れる。文書の最終行の行末に「以上」と記す。
- 受信者、発信者ともに個人名でなく職名で記す。
- 横書き、算用数字、漢数字を用いる。年月日と文書番号を入れる。

社内文書の種類
- 通知文、案内文、稟議書、報告書など。

原稿の清書とチェック
- 文書作成は、ほとんどパソコンなどのOA機器で行われる。
- 入力ミスのないように注意するとともに、入力が終わったら必ず読み直し、誤字・脱字がないかチェックする必要がある。

● 基礎知識 ●

1．社内文書作成上の留意点

1）文体

　規定・通達など不特定者に宛てる文書は「だ・である」体を用い、特定者に宛てる文書は「です・ます」体を使います。

2）本文

　社内文書の場合、頭語・結語、前文、末文は必要ありません。用件は簡潔にまとめ、最後の行末に「以上」と記します。また頻繁に使われるものはフォーム化し、必要事項だけその都度記入します。

3）受信者（宛名）

　普通は職名を用い、個人名は付けません。敬称は「様」を使うことが多く、複数の場合は「各位」を用います。「様」と同義。

4）発信者

　受信者同様、職名を用います。押印は不要です。

5）標題

　本文の内容を分かりやすく表したもので、発信者名の下一行を空けた行の中央部に書きます。また文書の種類が分かるように、標題の末尾にかっこ書きで、

「(通知)」「(回答)」などと記します。

6）文書番号

正式な文書には日付の上に付けます。簡単な文書には用いません。

7）記書き（別記）

本文に書き込むと長くなるような事項は，記書きにします。項目ごとに番号を振り，箇条書きにするとよいでしょう。

8）担当者（発信者と別の場合）

内容の問い合わせ先として文書の最後に記します。

２．社内文書の種類

1）稟議書

担当者の権限では実行できないような重要な案件の場合，その事柄について決定権を持つ経営管理者に承認・決裁を仰ぐために用いる文書。

2）報告書

出張報告書，受講報告書，調査報告書，事故報告書などがあります。また，日報・週報・月報のような定例の報告書もあります。まず目的を明確にし，関係資料や情報を収集します。結論や重要事項は先に記述し，理由や経過は後回しにして分かりやすい文章を書きます。

3）通知文

上層部で決定した命令や指示を下部に伝える文書。組織の再編成，人事異動，社内規則の変更などが主な内容です。伝達内容を間違えたり，事前に内容が漏れないよう注意します。

4）案内文

研修会の参加を呼びかけたり，健康診断の案内をするときなどの文書。社員の便宜を図るためのもので，強制力はありません。

３．原稿の清書とチェック

文書の清書はほとんどパソコンなどのＯＡ機器で行います。段落の初めは改行し，一字下げるのが基本です。入力が終わったら必ず読み直し，誤字・脱字がないかチェックします。

また，部数の多いものや社内報など外部に印刷を委託する場合は，必ず試し刷りを出してもらいます。これを「校正（ゲラ）刷り」といいます。原稿と照らし合わせながら，決められた校正記号を使って間違いを訂正し，印刷所に戻します。

チェックポイント ◎社内文書は簡潔さが優先する。頭語・結語・あいさつ文は不要。

4 社外文書

社外文書の作成
● 用紙はＡ４判が一般的。パソコンなどで仕上げる。
● 文例集などが既にできている企業もある。一般的な書式に従う。

文書用語の理解
● 社外文書で使われる慣用句や文書用語を整理して覚える必要がある。

社交文書の作成
● 秘書は上司の社交文書の代筆や原稿を書くことも多い。

● 基礎知識 ●

1．社外文書のスタイル

社外文書は、「前付け」「本文」「後付け」の三つの部分から成り立っています。作成上の注意点を以下に説明します。

1）前付け

① **文書番号** 文書を個別に識別するための記号です。

② **発信日付** 月日だけでなく必ず元（年）号も書きます。

③ **受信者名** 宛名のことです。会社名，役職名，氏名を略さずに書きます。通常は様，殿を使い，複数の時は各位，会社や団体宛てのときは御中を用います。

④ **発信者名** 受信者名の次の行から右寄せに書きます。受信者と同格の役職者名を書くのがマナー。

2）本文

⑤ **標題** 件名ともいい手紙の内容を簡潔に表したタイトルのことです。

⑥ **前文** 用件に入る前のあいさつ文です。必ず前に「拝啓」などの頭語を付け，一字分空けてから書き出します。

⑦ **主文** 行を改めて一字下げ，「さて」「つきましては」などから書き始めます。用件のポイントを押さえ，簡潔に分かりやすく書きます。

⑧ **末文** 改行一字下げで始めます。内容のまとめと終わりのあいさつを兼ねる文です。前文の頭語と対応して，最後に「敬具」などの結語を用います。

⑨ **記** 本文を補足する場合，添え書きとして書き足します。「記」と中央に書き，箇条書きにするとよい。

技能

3）後付け

⑩ **追伸** 追記したいことがあれば，「なお」で始めて書き入れます。

⑪ **同封物** 資料などを同封するときは，必ず名称と部数を書き足します。

⑫ **以上** 文書の終了を示す。

⑬ **担当者名** 右下に担当部門，担当者名を入れます。

図4 社外文書の例

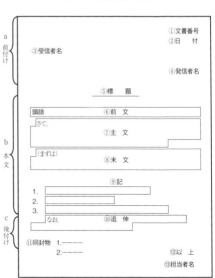

2．社外文書の慣用句

時　候	あ い さ つ 文
正　月	あけましておめでとうございます　　新春の候，初春の候（1月）
冬	寒さ厳しゅうございますが　　厳寒の候（1月）
春	よい季節になりましたが　　陽春（春暖）の候（4月）
秋	しのぎよい季節になりましたが　　秋冷の候（10月）
暮　れ	暮れも押し迫ってまいりましたが　　歳晩（師走）の候（12月）

3．社交文書の種類

　　上司の役職が上になるほど交友関係も広くなり，社交文書を書く機会も増えます。ポイントは心の込もった文面できれいに書くことです。

1）慶弔状　相手との関係をわきまえ，心を込めて書きます。

2）礼状　相手への感謝の気持ちを表すための文書。タイミングが大切です。

3）見舞状　災害，病気など事実をよくわきまえた上で書きます。

4）案内・招待状　会合やパーティーの開催通知ですから，上手にアピールする工夫も必要です。ただし丁寧さを失わないように気を付けます。

5）あいさつ状　儀礼的なものなので，格式にのっとって書きます。

6）紹介状　知人を紹介するためのものですから，紹介する人，される人の両方への配慮が必要です。

5 メモとグラフ

メモ（要領筆記）の書き方
● 憶測や勝手な判断を入れず正確に書くのが原則。5W3Hを押さえる。

グラフの書き方
● 棒グラフ，円グラフ，折れ線グラフなどの書き方をマスターしておく。

● 基礎知識 ●

1．正確で分かりやすいメモを書く

　後で読み返したときに正確な判断ができるように，次のことに注意します。①憶測や勝手な判断を入れない，②5W3Hの原則をチェックし聞き漏らしのないようにする，③メモを取り終えたら復唱する。

2．折れ線グラフと棒グラフ

　調査したことを一目で比較検討し，全体像を把握できるのがグラフの特徴です。棒は数量比較，折れ線は推移比較に役立ちます。作表上の注意点は，①タイトルを付ける，②基点は0から，③2種類以上の内容を一度に表記するときは，凡例を付ける，④数値を示す位置は線の上端，⑤棒の幅は均一。

3．円グラフ

　数量の割合を示すときには，全体を100％として円グラフを用います。同種のものには帯グラフもあります。円グラフ作成の手順は次の通りです。
①構成比を求める，②角度に換算する，③円を描き基線（円の頂点と中心点を結ぶ）を入れる，④大きい比率のものから右回りに書き入れる（「その他」は比率の大小に関係なく最後に），ただし，調査項目などで「非常によい」「よい」「どちらともいえない」「よくない」といった項目の場合は，比率に関係なくこの順に並べるとよい。⑤構成要素と比率を記入する，⑥見分けやすくするため斜線や網をかける，⑦タイトル，資料の出どころなどを記入する。

図5　円グラフと帯グラフの例

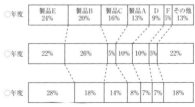

技能

6 文書の取り扱い

> **文書の受・発信事務**
> ● 上司宛ての文書を受信したら，秘書が開封するものとしないものに分け，必要に応じて処理をする。
>
> **発送事務の知識**
> ● 秘書は発信物を間違いなく，緊急度，重要度に応じて相手に届くように手配しなければならない。

● 基礎知識 ●

1．文書の受信事務

まず，上司宛ての文書は開封してよいものといけないものに分けます。「親展」「書留」「私信」「秘」扱い以外の文書は開封しても構いません。開封したら次のことに注意しましょう。①重要・緊急のものは区分する，②文書は封筒と一緒にクリップで留め，重要・緊急書類を上にして上司に渡す，③ダイレクトメールなど，必要外のものは捨てるか直接担当者に渡す，④請求書の精算など内容をチェック，⑤必要資料を添えたり，文書の要点をメモしたりする。

2．文書の発信事務

発信文書は，文書をチェックしてから必要であればコピーを取って控えを作ります。文書の封入は文面を内側にして三つ折りにするのが一般的です。封筒は，貼り付けた切手が間違っていないかよく注意します。

3．郵便とその他の発送手段

現在では郵便の他に，宅配便，航空便，バイク便などの運送サービスが発達しています。緊急度とコストのバランスを考えて利用できるよう，普段から把握しておく必要があります。

郵便の種類は以下の通りです。

1）一般郵便物

大きさや重量が第1種郵便物を超える場合は，ゆうパックとして送るとよいでしょう。また1kgまでの書籍やカタログならゆうメールが安上がりです（要一部開封）。急ぎのときは，速達などを利用します。

2）重要なものを郵送する場合

簡易書留，一般書留，現金書留などで送ります。さらに，引受時刻証明，配達証明，内容証明，代金引換などの手続きをとることもできます。

3）大量発送の場合

　切手を貼る手間を省いたり，料金割引など便利なシステムがあります。

① **料金別納**　同一料金の郵便物を一度に10通以上（小包も同様）送る場合に使います。封筒に料金別納の表示をし，一括で料金を納入します。

② **料金後納**　郵便物を毎月50通以上発送するときのシステムです。毎月の郵便料金は翌月の末日までに現金で納付します。

③ **料金計器別納**　利用者が郵便料金計器を手元に置き，計器がカウントした料金を別納する方法です。切手の部分がスタンプになっています。

④ **区分郵便物**　同一形状・重量の封書，はがきを一度に2,000通以上，郵便番号ごとに区分けして差し出すと料金割引になります。

⑤ **郵便区内特別郵便**　差出局と同じ郵便区内宛てに，100通以上まとめて出す場合，割引があります。①〜③を利用したときに限ります。

⑥ **料金受取人払**　アンケートの回収など，差出人に負担をかけたくないときに利用します。受取人は，郵便料金と所定の手数料を払います。

4）国際郵便

　大切なものを送る場合は，保険付扱いにすることができます。また早く届けたいときは EMS にします。荷物の追跡調査も可能です。

4．「秘」扱い文書の取り扱い

　秘書は仕事柄「秘」扱い文書を扱う機会も多くなります。そのとき大切なのは，当事者以外の人に「秘」扱い文書だと悟らせないことです。

1）人目につく場所に放置しないようにします。席を外すときなどは必ず引き出しにしまいます。

2）持ち歩くときは封筒に入れ，本人に渡す際には，文書受渡簿に記入し受領印をもらうシステムをとっている会社もあります。

3）郵送の場合は封筒を二重にし，内側の封筒に「秘」の印を押します。「親展」あるいは簡易書留扱いにすると確実です。

4）保管は，鍵のかかる場所が望ましいでしょう。ファイルするときは，一般文書とは別に金庫や耐火キャビネットを使います。

5）破棄する場合は，シュレッダーにかけます。ごみ箱などにそのまま捨ててはいけません。

技能

チェックポイント

◎現金書留には手紙や祝儀袋などを同封できる。

◎手形や小切手を送るときは一般書留にする。重要文書は簡易書留で。

◎上司宛ての文書で，速達ならすぐに開封して中身を確かめてから上司に渡す。親展や書留は開封しないでそのまま渡す。

7 ファイリング

- 文書の整理と保管は秘書の大切な仕事の一つ。必要なときにすぐ利用できるように，整理の仕方を工夫する。
- 他の部門に貸し出すことも考えて，貸し出し用のガイドを作っておく。
- 利用価値の少なくなった文書などは，保管場所を移動する。

● 基礎知識 ●

1．ファイルのまとめ方

1）相手先別整理　相手別に1冊のファイルにまとめます。手紙のような通信文書のまとめ方に，最も適しています。

2）主題別整理　テーマごとに分類する方法です。

3）標題別整理　帳票化された伝票や報告書を，「注文書」などの標題をそのままタイトルにしてまとめます。

4）一件別整理　特定の取り引きや行事など件別に書類をまとめます。

5）形式別整理　文書量が少ないとき，「礼状」「カタログ」「通知文」など文書の形式をタイトルとしてまとめます。

2．ファイルの作り方

まとめた文書は，フォルダーに挟んでキャビネットの引き出しに立てて保管します。一定の基準によって分類し，順序立てて並べます。

1）個別フォルダー

ファイルには必ずタイトルを付けます。検索を簡単にするには，大見出し，小見出しの役目となる第1ガイドと第2ガイドを付けます。

2）雑フォルダー

案件数の少ない書類は雑フォルダーの中に入れます。

3．文書の貸し出し

他の部門に貸し出すときのために，貸し出しガイドも作っておきます。貸し出したときには，必ず借用者名，借用日，返却予定日，文書名などを記入し，間違いのないようにします。

4．ファイルの移し替え・置き換え

半年から1年ごとに，使用頻度の少なくなった文書を整理します。同じ事務所内での場所替えを移し替え，書庫などへの移動を置き換えといいます。

8 資料・情報管理

資料の整理法
- 名刺は最新情報を補足し，カード式に整理しておく。
- 新聞・雑誌の切り抜きはテーマごとにまとめ，ファイルしておく。
- インターネット，メールニュースなどによる情報収集は，パソコンでデータ整理・保存しておく。
- 雑誌や図書は，いつも最新号が閲覧できるようにする。

社内資料の収集
- 必要とする資料がどこにあるかいち早くキャッチする。

● 基礎知識 ●

1．名刺の整理
　名刺はカード式整理がよいでしょう。住所・電話番号・肩書などは，最新のデータにします。受け取った日付と特記事項なども書き入れます。

1）分類方法
　会社名別と氏名別の二通りあります。会社別なら業種別に，氏名別なら五十音別にします。秘書用には氏名別に分類した方が便利です。

2．資料・情報の整理
1）注意点
　新聞なら翌日，雑誌なら次号が届いてから切り抜きます。必ず紙（誌）名，日付，号数などのデータを記入します。

2）整理の方法
　資料・情報によってファイルやフォルダーを使ったり，パソコンを使用してデータを整理しておくとよいでしょう。

3）与えられたテーマ別に
　経営，国際，経済，法律問題など，上司の担当業務に関する記事に目を通し，必要なものは切り抜いて整理します。

3．カタログ・パンフレット・文献類の整理
　商品別，テーマ別にまとめてファイルし，キャビネット式整理をします。年に1回は古いものを整理します。

4．社内資料の収集
　上司が必要とする資料を迅速に用意するためには，資料の所在を日ごろから把握しておかねばなりません。他部門に協力依頼する場合もあります。

技能

9 日程管理

> 日程管理の注意点
> ● 正確かつ簡潔な予定表が必要である。
>
> 予定の変更
> ● 迅速にスケジュールの調整をする。

● 基礎知識 ●

1．予定表の種類

1）年間予定表

　1年間の社内外の主要行事を前年度を参考に表に書き込みます。これをもとに，月間→週間→日々と，より細かい予定表を作り上げます。

2）月間予定表

　1カ月の行動予定を表にしたもので，出張，会議，会合，訪問などのスケジュールを記入します。確認は前月末までに行います。

3）週間予定表

　1週間の行動予定を書き入れます。前週末までに作成し，上司と確認。

4）日々予定表

　上司の一日の行動を綿密に記入します。時分単位で表し，時刻が未定のものや，連絡先の電話番号などは，備考欄に記入するとよいでしょう。

図6　日々予定表の例

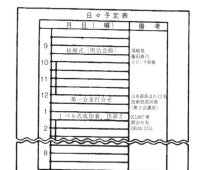

2．作成方法と注意点

　パソコンを使って予定表を作成する企業が増えていますが，用紙に記入する場合は，それぞれ一枚の紙にまとめ一目で分かるようにします。

3．予定の変更

　相手方の都合で変更するときは，秘書は上司と相談して予定を訂正します。こちらの都合で変更する場合は，わびた上で日程調整し，予定表に記入します。

10 環境整備

> 応接室や上司の部屋の整備
> ● 清潔で機能性を心がける。
> ● 部屋のレイアウトや机上の整理整頓に気を配る。
> ● 文房具などの備品は切らさないように注意する。
> ● 毎朝掃除と整頓をする。
> ● 照明，防音，空気調節など室内の環境に気を配る。

● 基礎知識 ●

1．備品・消耗品の管理

応接室や上司の部屋に置く備品は格調のあるものを選びましょう。消耗品は必要に応じて補充します。

2．上司の使用する消耗品の管理

①便箋・メモ用紙などは切らさないようにする。

②鉛筆・ボールペンなどは毎朝点検し，書きやすい状態にする。

③日付印などは毎朝日付を合わせる。

3．掃除方法

床，机，事務機器などのほこりを取ってきれいにします。電話は柔らかい布でから拭きします。灰皿，茶器など来客後には必ず片付け，テーブルを拭きます。

4．応接室・上司の部屋の整頓

いつでも客を迎えられて，上司が能率よく仕事ができるよう，次の点をチェックしましょう。

①机や椅子が真っすぐか

②時計が故障していないか

③カレンダーの日付は正確か

④ごみ箱が空になっているか

⑤新聞・雑誌・本が整理されているか

⑥上司の机上の物がいつも通りになっているか

チェックポイント

◎秘書は来客の応対をしなければならないので，人の出入りがすぐ分かる位置に机を置く。

◎上司と秘書の机は対面を避け，少し離れるようにする。

◎採光や照明の善しあしが仕事に影響するため配慮が必要。明るさはどうか，窓と机の位置関係はどうかなどチェックする。

技能

11 よく出題される用語

> オフィスや事務用品の整備，上司から要求された社内外の
> 情報収集，整理に応えるため，関連用語を知る。

オフィス家具，事務機器・用品を知る

キャビネット	フォルダーを収納しておく,スチール製などの引き出し式の収納具
サイドテーブル	応接室に置き,茶を出すときに盆などを一時置く台
シュレッダー	不要文書を裁断する機器
スキャナー	絵や図などをコンピューターに取り込むための機器
スクラップブック	新聞,雑誌などの切り抜き帳
スツール	応接セットに,補助として置いてある背もたれのない腰かけ
タイムレコーダー	社員の出勤・退勤の時刻を記録する機器
チェックライター	手形や小切手に金額を刻字する機器
デスクトレー	机上に置き,書類を一時入れておくための浅い箱
ナンバリング	書類に通し番号を打つための機器
パーティション	部屋の中を仕切ったり,目隠しにしたりするついたて
ハンギングフォルダー	枠にぶら下がるように出来ているフォルダーで,ハンギングフォームに収める
ファイリングキャビネット	ファイリングフォルダーを収納する,たんすのようなもの
ファクシミリ	文書などを通信回線を用いて電送する装置
ブラインド	窓からの光を入れたり遮ったりするすだれのようなもの
プリンター	入力した文字や図などを印刷する機器
プロジェクター	パソコンの画面を大型スクリーンに投影する機器
レターオープナー	封書を開封するために封筒の一辺を切る機器

IT 用語を知る

アイコン	プログラムの起動を簡易化するために,ディスプレイ上に表示した小さな図柄
アップデート	ソフトの不具合を修正したり機能向上するために,古いプログラムを書き換えること
グループウェア	組織内のネットワークを利用して,作業効率や質を高めるためのソフトの総称
検索エンジン	インターネットで公開されている情報を,キーワードなどを使って検索できるウェブサイトのこと
コピーライト	著作権や版権のこと
再起動	パソコンの電源をいったん切り,再び起ち上げること
シャットダウン	システムを終了して,パソコンの電源を切ること
テキストファイル	文字データだけで構成されたファイル。互換性が高い
添付ファイル	電子メールの本文に付属して送られるファイルのこと
ドライバー	パソコンにつないだプリンターなどのハードウェアを動作させるためのプログラム
バージョンアップ	ハードやソフトなどを高性能品に切り替えること
バグ	プログラムの中の誤りや不都合な箇所
パワーポイント	プロジェクターで映し出す資料を作成できるソフトウェアのこと
ブログ	インターネット上で公開する日記形式のウェブサイト

プロバイダー	インターネットへの接続サービスを提供する事業者
メールマガジン	発行者が購読者に定期的に,電子メールで情報を届けるシステムのこと
迷惑メール	受信者に一方的に送りつける広告,勧誘などのメールのこと
メモリ	コンピューターでデータやプログラムを記憶する装置
ログイン	システムやネットワークに認証を受けるため,パスワードなどを入力する操作のこと

出版・新聞などに関する用語

全国紙	全国的に発行されている新聞のこと
地方紙	一定の地域だけを対象として編集,発行される地方新聞のこと
官報	政府が国民に知らせる事項を掲載した文書のこと
白書	各省庁が行政活動の実情と展望を述べた報告書
社説	その新聞社の基本方針に沿って掲載する論説のこと
コラム	短い評論などが書かれている囲み記事のこと
日刊	毎日発行されるもの
季刊	1年に4回発行されるもの
旬刊（じゅんかん）	新聞,雑誌が10日ごとに発行されること
月刊	1カ月に1回発行されるもの
隔月刊	2カ月に1回発行する刊行物のこと
増刊号	定期発行以外に臨時に発行される号のこと
バックナンバー	定期刊行物の既刊号のこと
機関誌	団体が発行する会員向けの雑誌のこと
全集	ある人の主な著作を集めた本のこと
凡例（はんれい）	書物の編集方法・使い方・約束ごとなどを一括して例示・説明したページ
索引	本の中の語句がどのページにあるかの一覧。インデックス
判型	本や雑誌などの大きさのこと
タブロイド判	普通の新聞の半分の大きさの型のこと
奥付（おくづけ）	その本の著者や発行所,発行年月日などが載っている部分のこと
落丁（らくちょう）	ページが抜け落ちていること
乱丁（らんちょう）	本のページの順が前後していること
校正	原稿と試し刷りを照らし合わせて文字や体裁などの誤りを正すこと
改訂	最初の発行後,一部内容を改め直すこと
初版	出版された本の最初の版のもの
再版	すでに発行されている本を,同じ形で再び発行すること
改訂版	初版の後,内容を改めたものということ
絶版（ぜっぱん）	出版した書籍の印刷,販売を中止すること
草稿	下書き,または原稿のこと
献本	出来上がった本を進呈すること
謹呈	書籍を差し上げるという意味の言葉
拙著（せっちょ）	自分の著作をへりくだって言う語

技能

秘書検定２級実問題集　2024年度版

2024 年 3 月 1 日　　初版発行
2024 年10月 1 日　　第 2 刷発行

編　　者　　公益財団法人 実務技能検定協会 ©
発行者　　笹森 哲夫
発行所　　早稲田教育出版
　　　　　〒169-0075　東京都新宿区高田馬場一丁目4番15号
　　　　　株式会社早稲田ビジネスサービス
　　　　　https：//www.waseda.gr.jp/
　　　　　電話　（03）3209-6201

秘書検定
実問題集

解答・解説編

〈記述問題は解答・解答例となります〉

2024 年度版

第126回 ▶ 第131回

本編から外して利用できます

この解答・解説は，
本体部分を押さえながらていねいに引っ張ると，
取り外すことができます。

早稲田教育出版

秘書検定
実問題集
2024
年度版

2級

CONTENTS
第126回▶第131回

〇解答・解説編

必要とされる資質

1 －1）

この場合の健康で体力がある必要性とは，自分の仕事をよりよい出来栄えにしようと，日々意欲を持ってこなすためである。休んでいる上司や同僚の仕事のカバーは場合によってはできることもあろうが，本来の目的ではない。従って1）のように考えたのは不適当である。

2 －2）

Aが忙しいときの手伝いを，CもCの上司も承知しているのに，頼むとよい顔をしないのである。このようなことは当事者同士で解決する以外にはないこと。従って，上司に相談するなどは不適当である。

3 －2）

上司がよく行く料理店であっても，取引先の接待も同じ店で行うとは限らない。決定していないのにお願いすることになるなどと言うのは，先走った行為であって気遣いではないので不適当である。

4 －1）

重要な箇所でのミスや大きなミスが目立つのはその通り。が，本来ミスはしてはいけないことだから，ミスをしないように指導しなければ意味がない。従って，目立つので注意するようにという言い方は不適当ということである。

5 －1）

上司がAに話しかけたのは本部長に対する愚痴のようなこと。このよう

な場合は，秘書が具体性のあることを言うものではない。従って，1）のように言うのが適当ということである。

職務知識

6 － 4）

帰宅した上司に連絡するのは，今日中に伝えないと明日の予定に差し支えのある内容の場合である。この場合の趣意書とは，後援会の寄付の説明書のようなもの。しかも明日送るというなら，到着するのは明後日以降になろう。従って，連絡したのは不適当ということである。

7 － 5）

部長会議の議事録はどこの部署にもあるはずだから，取りあえず借りられる部署から借りてコピーすればよい。隠すようなことではないのに，内緒にしておいてもらいたいと頼むなどは不適当ということである。

8 － 1）

秘書が上司の忙しさを軽減するためにできるのは，上司が本来の仕事に専念できるように手助けすることである。来客との面談は上司の本来の仕事なので，不意であってもAが対応するなどは不適当ということである。

9 － 4）

慶弔規定とは，祝い金，香典，見舞いなどに関して会社が独自に定めているもの。他社の規定について知識を得ても意味がないので不適当ということである。

10 － 2）

Aが読んで表現がおかしいと思っても，原稿は上司の考えの表れである。

従って，別の表現に直すかどうかは上司が決めること。このような場合，これでよいのかと確かめてから清書するのが適切な対処ということになる。

一般知識

11 － 4）

12 － 3）

「債務」とは，借りた金銭などを相手に返さなければならない義務のことである。

13 － 3）

「インフォーマル」とは，非公式，略式などのこと。「正式」はフォーマルである。

マナー・接遇

14 － 5）

「お聞きになって」はAが自分に対して尊敬語を使っているので不適当。上司が秘書に言った指示を，秘書が本部長に対して伝えるのだから，「伺って（お尋ねして）くるよう」などが適切な言い方になる。

15 － 3）

上司が電話にすぐに出られないのはこちらの都合だから，謝って折り返すがよいかと尋ねるのが電話応対の基本である。それを，相手にかけ直してもらうよう頼むとよいと指導するなどは不適当ということである。

16 － 5）

応接室などでは一般的に奥の上座に上位者が座るので，分からなければ奥から出すのがよい。年長に見えても上位者とは限らないから，下座である入り口近くに座った人から出したのは不適当ということである。

17 － 1）

注意するのは，相手に改善してもらいたいところがあるからである。従って注意は，どこをどう改善するかを分かりやすく話すことが重要。優しい口調でするなどは関係ないので不適当である。

18 － 2）

この場合の説明とは，説明会がどういうものであったかの事実を上司に伝えること。概況を伝えたのはよいが，感想とはＡの個人的な思いだから，感想を交えて説明したなどは不適当ということである。

19 － 2）

結婚披露宴は会社や仕事とは無縁の非日常の場である。そのような場で，周囲に分からないようにしたとしても，宴の主役であるＣに仕事の伝言をしたなどは場違いな行為で不適当ということである。

20 － 3）

「当たり前のことをしたまで」というのは，秘書としてやるべきことをやっただけという言い方である。お客さまはＡを気遣って礼を言ってくれたのだから，当たり前のことと思ったとしても，お客さまが快く思うような受け答えをしないといけないということである。

21 － 5）

Ａの来訪を分かっているのに戻ってこないのは，何かあってのことであろう。このような状況では出直すしかない。取り次ぎの人には，改めて連

絡すると言って，見ておいてもらえるようパンフレットを名刺と一緒に渡すのが適当ということである。

22 － 1)

焼香に順番があるのは親族だけである。また，受付で確認しておくようなことではないので不適当である。

23 － 2)

座席を案内するためとはいえ，Ａが前に並べば上司の先を歩くことになる。また，窓側に座る上司が席に着くまでＡは通路で待つので，他の乗客に迷惑がかかることもあろう。従って，上司の前に並ぶなどは不適当ということである。

技　能

---

24 － 5)

会議の出席者に社外から連絡があった場合は，会議の妨げにならないようＡがメモで知らせるか室外の電話に案内することになる。従って，案内状に会議室の内線番号を入れるなどは不適当ということである。

25 － 1)

今年度の社員数（数量）を支店別に比較するのだから，数量を棒にして比較する「棒グラフ」がよいことになる。「帯グラフ」は，幾つかの構成比を並べて比較するときなどに用いるグラフである。

26 － 4)

メールはほとんどの場合すぐ相手に届くが，相手がいつ見てくれるか分からないし，返信がいつになるかも分からない。従って，相手の都合を急いで確認したい場合には適さないので4）は不適当ということである。

27 － 3）

「奥付」とは，著者，発行所，発行日などが載っている部分のことである。

28 － 2）

横書き文書で算用数字を使うのは，具体的な数を表すときである。「だいさんしゃ」は当事者以外の人という意味の名詞で，具体的な数を表したものではないので不適当。正しい書き方は「第三者」である。

29 － 3）

手紙を同時に多数送る場合，切手を貼る手間が省ける「料金別納郵便」は便利である。が，この場合は祝賀会の招待状。儀礼の文書であり格式を重んじる必要があるので，切手を貼らない効率優先の送付方法はなじまないということである。

30 － 3）

代わりに課長が出席することになったのだから，事務局にそのことを連絡するのはよい。が，出席者名簿と名札は先方が準備するもの。連絡を受けて先方が名簿などを変更することはあっても，こちらから頼むことではないので不適当である。

31 － 2）

取締役会とは，取締役が集まって会社の業務全般について意思決定する機関である。その議事録を管理するのは，一般的には会社全般に係る事務を扱う総務部なので，広報部に取りに行ったのは不適当ということである。

記述問題

マナー・接遇

32
1．角度を深くする。
2．背筋を伸ばす。
3．手は握らず，指を伸ばして組む。
4．かかとを付ける。

33
いらっしゃいませ。ご用件は伺っておりますでしょうか

技　能

34
1）いたす
2）のみ
3）かたがた
4）何とぞ

35
1）在中
2）様方
3）気付
4）親展

1 －5）

相互理解とは互いに理解し合うということ。秘書業務は上司のサポートだから，秘書が上司の性格を理解することは必要だが，上司はその限りではない。従って，理解してもらう必要があると教えたのは不適当ということである。

2 －4）

1時半に来客の予定が入っているのなら，上司も気にして戻るはずである。が，戻ってくるのはいつも1時半過ぎだから，予定について念を押すなどの配慮は必要になる。上司が遅れることを前提にした確認は，配慮とは言えないので不適当ということである。

3 －1）

仕事の期日を忘れがちな上司なら，期日を守れるように手助けするのが秘書の役割である。となると，上司の様子に気を配っていて，必要であれば改めて期日を伝えるのがよいということである。

4 －1）

常務室から戻ったばかりだから，常務に対して席にいないことにはできない。であれば，常務には少しの間待ってもらい，上司に常務からの電話を伝えて指示を仰ぐという対応になる。その際，用件などは必要ないので尋ねたのは不適当である。

5 －3)

「秘」扱いの事項は重要なことではあるが，会議資料はメンバーが会議で使うものである。従って，その内容は資料作りには関係がないので，よく読んでおくように言うなどは不適当。この場で新人に教えることは，秘資料の取り扱い方などである。

職務知識

6 －5)

いつも出席していて他の予定が入っていないなら出席の可能性が高いので，出席と連絡しておくのはよいであろう。が，最終的には上司の判断だから，できるだけ早く確認するのがよい。戻ったら報告するのでは遅いということである。

7 －1)

予約客が時間通りに来たのだから，専務と話し中でも上司に知らせないといけない。予約客の来訪は専務に聞こえても差し支えはなく，事情が分かるのはむしろ都合がよいので，口頭で知らせるのが適切な対処である。

8 －4)

間違ってメールが届いたら，そのことを知らせるのはよい。が，送信のし直しは相手がすること。転送しようかと返信するなどは余計なことなので不適当である。

9 －3)

業務の引き継ぎ以外となると，Eが上司をサポートするのに知っておいた方がよいことになる。目標にしている役職は，上司のサポートに関係ないので不適当ということである。

10 － 4）

　遅れることが分かったら，その時点ですぐに相手に知らせるのがマナーである。その際，遅れる理由は相手には関係ないことだから「都合で」など一般的なことを言えばよい。従って，4）が適当ということである。

一般知識

11 － 3）

　「原価」とは，商品の仕入れの値段や製造に要した実費のこと。「所得税」とは，所得に対して課される税金のことなので直接関係はない。

12 － 1）

　「関税」とは，国内産業保護のため外国からの輸入品に対して課される税金のことである。

13 － 4）

　「ライフライン」とは，生活に必要不可欠な，電気・ガス・水道・通信・交通網などのことである。

マナー・接遇

14 － 5）

　「お読みいたしております」が不適当。「いたす」も「おる」も謙譲語である。課長が読んでいるということを上司に言うのだから，尊敬語の「お読みになっています」「読んでいらっしゃいます」などが適切な言い方になる。

15 －1）

報告は，急ぐもの，重要なものから先にするのが基本。従って，時間の
かからないものから先にしているなどは不適当である。

16 －5）

立食形式のパーティーは最後までいなければいけないというものではな
いので，途中で帰ることは差し支えなく黙って帰ってよい。立場や関係性
により，主催者にあらかじめ断っておくことはあるが，あいさつしてから
帰るようにと後輩に教えたのは不適当ということである。

17 －5）

その言葉の意味は分かるかと尋ねるなどは，相手を見下すようなことに
なるので不適当。難しい言葉でも，前後の内容で大体のことは分かること
もあるからそのままにしておくか，必要なら別の言葉に言い直せばよいと
いうことである。

18 －2）

Aが尋ねることは，会社が葬儀に対応するために必要なこと。死亡広告
は，取引先が会長の死を世間に知ってもらうために新聞に掲載するもの。
その有無はAの会社の対応には関係ないので，尋ねたのは不適当というこ
とである。

19 －5）

本部長は上司（部長）の上役である。本部長が電話口に出てから上司に
代わると，本部長を待たせることになるので不適当。本部長秘書が取り次
いでいる間に代わるのがよいということである。

20 －3）

一方の手がふさがっていて仕方なく片手になることはあるが，本来失礼

なので避けるべき行為。それを，片手でよいかと相手に言っても意味がないので不適当である。このような場合，「片手で失礼します」などと言うのがよい。

21 － 2）

　営業所が手配してくれた懇親会の席だから，上司とＡは招かれた立場である。事前に上司の好みを営業所に伝えることはあっても，店の人に伝えるなどは，招かれた側がすることではないので不適当である。

22 － 4）

　この場合の土産は，客が日ごろ世話になっている感謝の気持ちなどを表したもの。気持ちだから，中身はともあれもらったことに礼を言うのがマナー。客が帰ってから報告をしたのでは，上司が客に礼を言うことができないので不適当ということである。

23 － 5）

　手伝ってもらった仕事でも，ミスがあれば注意するのは先輩としては当然で，必要なことである。5）の尋ね方は，それを否定していることになるので不適当ということである。

技　能

24 － 3）

　年間予定表は１年の予定を一覧するためのものだから，定例行事などの大きな予定を書くことになる。従って，細かく書くなどは不適当。時間や場所などの細かいことは，週間や日々予定表に書く。

25 － 4 ）

ホテルの会場使用料金は，部屋の広さや使用時間などで決まっているもの。一般的に利用人数には関係がないので，人数の増減によって使用料が変わるかを尋ねたのは不適当ということである。

26 － 5 ）

前文は用件に入る前のあいさつである。悔やみ状では手紙の性格上，あいさつなどは抜きにして，何をおいてもまずお悔やみを述べることになる。従って，丁重な前文を書いたのは不適当ということである。

27 － 3 ）

祝う会で，届いた祝電が披露されることはある。が，それは主催する側が決めることであり，上司は知る由もない。また，Aが電報を打つのに関係ないことなので不適当である。

28 － 3 ）

秘文書は，外から秘文書と分からないようにして送るのが基本。外側の封筒に「秘」の印を押しては，見てすぐに分かってしまうので不適当ということである。

29 － 2 ）

「季刊」とは，季節ごとに年４回発行することである。

30 － 4 ）

エレベーターの数え方は，一般的に「○基」または「○台」である。人が乗るものと貨物用のものとで数え方が変わることはないので不適当である。

31 －4）

昼食を挟む会議は，出席者全員に食事を用意するのが前提になる。従って，昼食の「要・不要」記入欄は必要ないということである。

記述問題

マナー・接遇

32　1）令室　　2）尊父　　3）母堂

33
① あいにく
② 本日外出（いた）しております
③ 恐れ入ります
④ お名刺を頂けますか
　お名刺を頂戴してもよろしいですか

技　能

34　1）8　　2）12　　3）5　　4）1

35

令和4年度U社製品別売上高構成比率

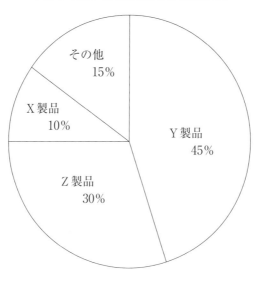

必要とされる資質

1 － 2）

Aの出社が午後になれば午前中の上司の仕事に影響があるかもしれないのだから，上司と直接話さないといけない。電話に出た同僚に伝えてもらいたいと頼むなどは不適当ということである。

2 － 1）

後任が決まるまで兼務してもらいたいという上司からの指示である。これはいわゆる業務命令なので基本的には受けることになる。本部長から気に入られていないなどは関係がないので，1）のような言い方がよいということである。

3 － 5）

上司の印鑑を預かっていても，上司から指示されたこと以外に印鑑を使うことはできない。報告書のことは上司から聞いていないのだから，課長の指示で印を押すことはできない。後で課長が部長に伝えても不適当ということである。

4 － 3）

秘書課には秘書課の仕事の仕方があるから，それに従わないといけない。また，秘書の仕事は上司の仕事に付随して発生するものであるから，営業課とは仕事の性質が異なるところがある。従って，3）のように考えたのは不適当ということである。

5 －5)

秘書が上司の代理をすることはできない。この場合，課長など上司の代わりができる人に対応を頼むのがAの仕事。自分が代わりにあいさつを受けたのは，部長に言われたことの解釈が違っていて不適当ということである。

職務知識

6 －4)

以前のミスを持ち出して注意するのは，また同じミスをしないようにという意味だから，素直に聞かないといけない。前にも注意されたので大丈夫というのは，反発しているような言い方なので不適当。今後ミスのないように気を付けるなどと言うのがよい。

7 －3)

営業部長の秘書はAである。Bに頼んだ秘書業務に手抜かりのないようにと思うなら，Aが引き継ぎをしっかりとしておけばよいこと。それを，課長に言っておいてもらいたいとお願いしたのは筋が違っていて不適当ということである。

8 －3)

その日全ての便が満席のときは，キャンセル待ちをするか，出張先によっては陸路で帰る方法もある。いずれにしてもスケジュールに影響することなので，上司に報告して指示を仰がないといけない。それをせずに翌朝一番の便を取って報告するなどは不適当ということである。

9 －2)

このような場合に確認しないといけないのは，これまでの礼をするタイミングや今後の付き合いに関することなどである。歓送会の日時はそれらと関係がなくU社の社内的なことだから，尋ねたのは不適当ということである。

10 －3）

上司から清書して出しておくようにと言われた文面を勝手に直すことはできない。が，このまま出してよいとは思えない内容であるなら，秘書のできる範囲のこととしては，感情が収まったころに確認するのがよいということである。

一般知識

11 －2）

「依願退職」とは，本人から願い出て退職することである。

12 －3）

13 －1）

「ツール」とは，道具のことである。なお，コンピューター用語ではソフトウエア・プログラムのことをいう。

マナー・接遇

14 －5）

秘書が上司に連絡したことについて，質問はあるかと言うのは不適当。伝えた内容を確認するなら，自分の伝え方に不足がないかという「ご不明な点はございませんか」などの言い方が適切になる。

15 －1）

このような場合，得意先の都合は担当者に尋ねるものである。担当者は上役と自分の都合を調整した上で，候補日を挙げてくれる。得意先の上役に直接尋ねるなどは不適当ということである。

16 －5）

会議のときにペットボトルを一人1本ずつ出すのは、飲み物を出す際の手間を省くためである。その場合、効率面だけでなく衛生面からもふたは開けずに出すのがよい。手抜きと思われないようにふたを開けてコースターの上に置くなどは見当違いで不適当ということである。

17 －5）

名刺交換は互いの自己紹介のためにする。相手が名刺を切らしていると言っても、Aは名刺を渡して自己紹介すればよいこと。それを、次回交換させてもらいたいと言うなどは不適当ということである。

18 －4）

Aは来客を案内中なのだから、案内を優先させないといけない。手短であっても聞かれたことに答えれば、客を待たせることになるので不適当。課長には、「後ほど伺います」などと言うのが適切な対応ということである。

19 －1）

この場合、祝い状には祝いの品について書き添えるから、品物より先に届くのがよい。従って、後に届くように送るのは不適当ということである。

20 －2）

上司が外出中の不意の来客である。社外の人に上司の外出理由を伝えるなどはしてはならないこと。また、上司が会うかどうかも分からないのに、戻る時間を伝えて出直してもらうのも不適当ということである。

21 －5）

「ご要望」「お聞き入れしてくださり」が不適当。こちらからの要望なので「ご」は付けず、聞き入れてくれるのはY氏なので「急な要望にもかかわらずお聞き入れくださり」などが適切な言い方になる。

22 −3）

祝賀パーティーなら，招待客の服装は華やかな装いが多いであろう。が，自社の周年記念である。受付担当としては改まった感じの服装が最も適しているということである。

23 −4）

複雑な内容でも，メモを取り復唱して相手に確認をするという基本を守れば，きちんと伝えることはできる。それを，複雑だからと直接本人に話した方がよいと言うようにと教えたのは不適当である。

技 能

24 −3）

使わなくなった名刺はもう使い道がないから，破棄してよい物ということになる。それを，専用の保管ケースに別に収納しても意味がないので不適当である。

25 −1）

会議に遅れて来る出席者がいたとしても，その人を入れないということは本来あり得ないこと。従って，何分までならと上司に確認するなどは不適当ということである。

26 −4）

この場合上司に必要な情報は，これから関わる新しい人のこと。前任者のことは上司も知っているので，名刺を添える必要がなく不適当である。

27 —5)

上司のスケジュール管理は秘書の仕事である。秘書の退社後に上司の予定があるなら、スケジュールを伝えて念を押しておけばよい。それを、上司に復唱してもらうなどは仕方が違っていて不適当ということである。

28 —2)

上司の役に立ちそうな記事とは、仕事に関係することや上司の関心事などになる。時事用語の解説は必要に応じて上司が自ら吸収する知識のようなもの。秘書が提供するようなものではないので不適当である。

29 —2)

他社製品のカタログは、新しい物が届いたら古い方は廃棄するのが一般的。古い物を残しておいても意味がなく、発行年順に並べているなどは不適当ということである。

30 —4)

「校閲」とは、文書や原稿などの不備や誤りを調べ正すことである。

31 —3)

「吉日」とはめでたい日という意味だから、祝い事の招待状などに「○年○月吉日」のように書くことはある。が、歳暮の添え状は日ごろの礼を述べて贈り物を送ることを伝えるものなので、日付を書くか年月のみとする書き方でよい。吉日は不適当である。

記述問題

マナー・接遇

32

1）（ いらっしゃい　）（ お越しになり　　　　）
2）（ おっしゃい　）（ 言われ　　　　　　　）
3）（ 伺い　　　　）（ お尋ね（いた）し　　）

33

1）御 新 築 御 祝

2）寿

3）古 希 御 祝
（古 稀）

4）内 祝

技　能

34

① 拝敬　貴社ますますご健勝のこととお喜び申し
　拝啓　　　　　　ご隆盛・ご発展

　上げます。

② まずは，略式ですが 暑中をもってごあいさつ
　　　　　　略儀ながら 書中

　申し上げます。　敬具

35

1）普通郵便・通常郵便
2）簡易書留・レターパック
3）現金書留

必要とされる資質

1 －4）

秘書は上司の指示に従って動くだけでなく，先を考えて自ら行動するときもある。これは気働きとか気を利かせるということで，後輩にはそのようなことも指導しないといけない。従って，何事も上司の許可を得てなどと話したのは不適当ということである。

2 －3）

解釈の違いというのは，見方によってはそのようにも解釈できるということ。そのようなことを聞いたら，まずは作成者である上司に伝える必要があるので，3）の対応が適当ということである。

3 －3）

取引先の来訪であるから商談であり，内容により長くなったとしても話を終わらせるのは上司と客の間でのこと。お昼ですと声をかければ，Aが話を切り上げるように催促することになるので不適当ということである。

4 －5）

このような場合AがBに言うことは，体調を気遣う言葉や仕事への対処の仕方などになる。早退は迷惑をかけるので出勤しない方がよいは，筋が違っていて感じも悪いので不適当ということである。

5 －4）

この来客は，Aの上司を訪問したという証拠にするために，Aの名刺が

必要だったのであろう。上司が断った客なら秘書も関わりを持たない方がよい。従って、名刺は渡さないことになるが、切らしているなどの言い方が、角が立たなくてよいということである。

職務知識

6 −4）

Aは秘書として、上司が出張先での仕事に専念できるようにサポートしないといけない。このような場合の会社としての対応は課長判断で行えるし、部長から指示があるならAが伝えればよい。従って、上司に課長への指示を頼むなどは不適当ということである。

7 −3）

上司の個人的なことでも仕事に関係する場合があるので、知っておいた方がよいこともある。が、収入については会社の仕事には関係のないこと。従って、覚えておくとよいとメモしたのは不適当ということである。

8 −5）

委員会に出席するのは上司だから、日程について都合を聞かれたら上司に確認してから答えることになる。予定表で空いていても都合がよいとは限らず、上司の外出中に勝手に知らせるなどは不適当ということである。

9 −5）

転勤のあいさつは儀礼的なものだから、上司が不在なら代わりの人に受けてもらうかAが上司に伝えるかなどになる。今後会う機会がないことを考えると、15分ほどであれば待ってもらえるかと尋ねることもあろうが、出直してもらうなどは不適当である。

10 −5）

　返信はがきを受け取る側は，出欠が分かればよいのである。また，管理の都合からすれば，同じ形状の物がよい。となると，返信はがきが見つからなければ，5）のようにするということである。

一般知識

11 － **3）**

　「終身雇用」とは，一度就職すると定年まで雇用関係が継続する雇用形態のことである。

12 － **3）**

　「オーソリティー」とは，権威者のことである。

13 － **2）**

　「担保」とは，貸付金等が返済されないときの保証として，借り手から提供されるもののことである。

マナー・接遇

14 － **5）**

　「伺って」は，謙譲語なので不適当。この場合は，部長が聞いているということを課長に言うのだから，「お聞きになって」などの尊敬語が適切になる。

15 － **4）**

　注意をしているときに相手が言い訳を始めた場合，それを先に聞くことで事情が分かったり相手が心を開いたりするので，注意の効果が上がることもある。従って，注意の仕方として適当ということである。

16 －4）

「会葬者」とは，葬儀に参列する人のことである。

17 －1）

　上司と面談中のW氏に会社から急用の電話が入った。急用というのだから，W氏にはすぐに伝えないといけない。伝え方は上司にも事情が分かる方がよいので，二人に聞こえるように伝えるのが適当ということである。

18 －2）

　商談は取引先など社外の人と会合を持つ場であるから，店の印象は会社のイメージにも影響する。質より価格を重視する印象が会社のイメージに影響となると，商談には不向きなので不適当ということである。

19 －2）

　E氏がエレベーターの所まで見送ると言ったのは，上司に対してである。Aは秘書として随行している立場。従って，上司が言われたことにAが見送りは結構と言うなどは出過ぎたことなので不適当である。

20 －3）

　こちらの事情で相手を待たせているのである。このようなときは，こちらからかけ直すと言うのが電話のマナー。かけ直してもらえないかと言うなどは不適当ということである。

21 －1）

　予約客があるのに席を外しているということは近くにはいるはずだから，上司を捜すのにそう長くはかからないであろう。このような場合，時間通りに来訪した客には，余計なことは言わずに通常の案内をするのがよいということである。

22 − 2）

寒中見舞いは，寒の入り（1月6日ごろ）から立春（2月4日ごろ）までの，寒の間にするものなので不適当。2月下旬に贈る場合は「余寒御見舞」などになる。

23 − 3）

パーティーでは，必要な手回り品以外はクロークに預けるもの。だとしても，「お食事に差し支えます」のような言い方は失礼なので不適当ということである。

技　能

24 − 5）

文書の集中管理とは，文書は個人で持たず，必要なときは部内で共有している文書を見るというやり方。理由は5）以外の通りで効率化のため。利用頻度で仕事量を把握するためなどは，見当違いで不適当ということである。

25 − 3）

「各位」は「皆さま方」という意味で，文書の中で使う敬称。封筒の宛名に使うのは不適当ということである。

26 − 1）

「外字」とは，ＪＩＳ（日本産業規格）で定めている文字コード表にない，ユーザーまたはメーカーが独自に作成した文字のことである。

27 − 3）

上司主催の会議だから，その会議の場で他社のパンフレットを配るなら上司の許可が必要になる。従って，Ａが上司に確認せず配布したのは

不適当ということである。

28 － 4）

社員研修を依頼する講師へ，本来入れるべき会場案内図を入れ忘れたことへの対処である。忘れたのはAなのに，口頭で行き方を説明するのは，迷惑な上に正確に伝わらない恐れもあるので不適当ということになる。

29 － 2）

「秘」扱い文書は厳重に取り扱わないといけない。封筒には受取人の名前を記入し，受け渡しを確実に行うための「文書受渡簿」に受領印をもらう配布の仕方がよいということである。

30 － 2）

スケジュール管理とは，上司の予定全体を把握してうまくいくようにすること。従って，上司が出先で決めてきた予定でも他に予定が入っていたら，どちらを優先するか確認しないといけないので2）は不適当である。

31 － 3）

文書に担当者名を書くのは，この文書についての問い合わせは担当者にしてもらいたいと知らせるため。従って，部署と名前が分かればよいので，押印の必要はないということである。

記述問題

マナー・接遇

32
1）お話し中・お打ち合わせ中
2）お呼び立て
3）お休みのところ（を）

33　　a　ご愁傷　　b　心　　c　お悔やみ

技 能

34
1）棒グラフ
2）円グラフ
3）折れ線グラフ
4）帯グラフ

35

○○株式会社　新社屋披露祝賀会

ご出席　このたびはおめでとうございます。
　　　　残念ですが所用のため欠席させて
　　　　いただきます。
ご欠席　ご盛会をお祈りいたします。

　ご住所
　ご芳名

省　　略

必要とされる資質

1 －4）

笑顔のある人は好感を持たれるというのはその通り。明るさや親しみやすさが感じられるからである。が，失敗は失敗として認識されるべきもの。失敗を笑顔がカバーしてくれることはないので不適当ということである。

2 －5）

個人的な礼だから自宅に送りたいということであろう。この場合，上司は教えてよいと言うかもしれない。が，個人情報だから上司の了承を得てからになる。上司は外出中なので，後で連絡させてもらうと言うのがよいということである。

3 －2）

Aがすることになっていた会議の準備ができないとなれば，自分の責任で代わりの人を頼むことになる。それをするには上司の許可が必要になるので，2）のように言うのが適当ということである。

4 －1）

身だしなみで秘書に求められるのは，ビジネス的で上品な雰囲気など。それらが感じられるなら流行を取り入れてもよい。職場なのでやめることと注意したのは不適当である。

5 －2）

上司の仕事の手助けをするのが秘書の役割だから，新しい上司を一日も早く理解する努力が必要になる。それを，今までと同じ仕方で進めて注意されたら改めるなどは，何も努力していないことになるので不適当である。

職務知識

6 － 4）

知らない人同士の間に上司が立って，文書で紹介するというのが紹介状である。このような場合，書かれている内容を紹介される本人が確認できるようにしておくのがよい。従って，封をして渡したのは不適当ということである。

7 － 2）

本部長はP社との取引について部長に確認したいのである。このようなことは，秘書が代わりに話を聞いて上司に伝えれば済むことではないので不適当である。

8 － 4）

この場合，状況から考えてずらせるだろうと予測して準備をするのはよい。が，決まるのは上司に確認した後になる。上司は外出中で確認できていないのに，総務部員に変更になると連絡したのは不適当ということである。

9 － 5）

出張の準備をする側にとって宿泊の有無は早く知りたい情報だが，上司もまだ分からないから場合によってはと言っている。現地に行ってみないと分からないことを，いつ分かるかと尋ねるなどは不適当ということである。

10 － 3）

出席者リストに従って発送の準備をするのが，この場合のAの仕事。出席者の所属，肩書などはリスト通りでよいのに，間違いがないか本人に電話で確かめるなどは余計なことなので不適当である。

一般知識

11 − 3）

「運転免許証」は，都道府県の公安委員会が発行する。

12 − 2）

「コミッション」とは，商取引などでの仲介手数料のことである。

13 − 1）

「約手」とは約束手形の略語で，一定期に代金を支払うことを約束した有価証券のこと。人事に関する略語ではないので不適当ということである。

マナー・接遇

14 − 3）

「おっしゃられて」は，尊敬語の「おっしゃって」に尊敬語の「れる」が重なった二重敬語なので不適当。適切な言い方は，「おっしゃって」「言われて」などになる。

15 − 4）

複雑な内容のときは，資料などを作成しそれを見てもらいながらするのが報告の仕方。それを，メモを取るよう頼むなどは，上司に指示をしていることにもなり不適当ということである。

16 − 4）

上司の代理参列であったことは，会葬者芳名録の上司の名前の下に（代）と書いておけば分かる。焼香のときにわざわざ遺族に伝えることではないので不適当である。

17 － 2）

相づちは相手が話を進めやすいように打つもので，分からないことがあっても打つのが話の聞き方である。従って，打たないように心がけるなどは不適当ということである。

18 － 2）

片付けは座っている客の目の前でするものではない。従って，まず座ってもらうというのは不適当。このような場合，取りあえず少し待ってもらい，テーブルの上を片付けてから座ってもらうのがよいということである。

19 － 3）

入院は私的なことなので，立ち入ることはできない。従って，家族の人に何でも相談してくれるようにと言うなどは不適当ということである。

20 － 3）

注意したことが改まったときに褒めるのは，その人の努力を認めて仕事に前向きに取り組めるようにする配慮である。従って，注意通りに改まっていたらすぐに褒めるのがよい。3）は逆のことを言っているので不適当ということである。

21 － 4）

会社に届いた贈答品の礼状は秘書が書いて送るのが基本。この場合，Y支店長からの珍しい酒ということなので，上司に一言添えるかどうかの確認はしても，書いてもらいたいと頼むなどは不適当ということである。

22 － 3）

その仕事はAが上司から指示されたものだから，Bが間違えたとしても責任はAにあることになる。従って，Bから謝罪させると責任を転嫁するような言い方は不適当である。

23 －5）

「会議が終わったら電話をする」と言うのはよい。が，こちらの都合で出られないのに，席にいてもらいたいと言うなどは不適当ということである。

技　能

24 －3）

「秘」扱い文書は「親展」と記し，それと分からないようにして送るのが基本。封筒の封じ目に㊙の印を押しては，外から見てすぐに分かってしまうので不適当ということである。

25 －1）

「文書番号」は，文書の出どころと通し番号を表記するもので，事務文書の保存や整理のために付ける。社交文書に付けるものではないので適当ということである。

26 －2）

「フリーズ」とは，ソフトウエアの不具合などでコンピューターの動作が停止すること。2）は，「圧縮」の説明である。

27 －4）

名刺は必要なものがすぐに抜き出せるよう整理しておかないといけない。そのためには，使わなくなった名刺は捨てることになる。転勤し業務に関わりがなくなった人の名刺は保存しても意味がなく不適当である。

28 －4）

外部の会場を借りる場合，予約後も諸準備のために連絡を取り合うこと

がある。この場合はAが手配をするのだから，連絡の担当者はAになる。従って，連絡担当者は誰の名前にするかと確認したのは不適当ということである。

29 － 5 ）

上司の私的な予定が仕事のスケジュールに関係することもあるから，耳にしたら自分のノートに控えておくのはよい。が，それを前の日に確認するなどは余計なことなので不適当ということである。

30 － 3 ）

「進退伺」とは，自分や部下に重大な過失があったとき，それについて，責任を取って辞職すべきかどうかの判断を上役に仰ぐ文書のことである。

31 － 4 ）

書留類は，開封せずに渡す郵便物である。従って，受信簿に自分の確認印を押すのはよいが，開封して中身を確認するなどは不適当ということである。

記述問題

マナー・接遇

32　会社からお急ぎの件とのことで，お電話が入っております

33　1 ）　新幹線

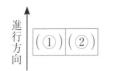

2） タクシー

3） レストランの個室

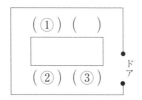

技　能

34

① 盛夏・猛暑
② 健勝・清祥
③ 笑納
④ 略儀

35

1. 社内の関係者に，会議終了時間と懇親会開始時間の変更を連絡する。
2. 懇親会の会場へ遅れることを連絡する。
3. 手配した車の時間を変更する。

必要とされる資質

1 －2）

上司はMレストランの休業を知らないのである。電話中にメモで知らせれば，その電話で上司は約束を変更することができる。このような気の利かせ方が秘書としては必要ということである。

2 －4）

このような場合の対応の仕方は，上司の意向によるもの。J氏はちょっと話しておきたいということなので，時間はそうかからないのかもしれない。だとしても，打ち合わせを中断して会ってもらえないかとAが提案するのは，出過ぎたことなので不適当である。

3 －4）

この場合，ミスをなくすには，早合点する癖を本人が自覚し改善する以外にない。それを，ミスの出そうな箇所を指示者に尋ねては，いつまでも改善にはつながらないので不適当ということである。

4 －4）

秘書は上司に合わせた仕事の仕方をしないといけない。自分は合わせているつもりでも上司から指摘されたのだから，わびて努力すると言うしかないということである。

5 －2）

　このような場合，後でも済む用件は取り次がないことになる。稟議書の承認印は，急ぎと言われなければAが預かるなどして後で上司に取り次げばよいので不適当ということである。

職務知識

6 －5）

　上司が戻ってこないといっても，上司はこの後のことを承知しているのだし，他に対策を取ることもできる。それをせずに，訪問時間の変更をしておこうかと課長に言うなどは，状況を把握していない先走った対応で不適当ということである。

7 －5）

　上司が任せると言うのは，秘書の判断で処理してもらいたいという指示である。それを，秘書の立場をわきまえて自分の判断ではしないなどと教えたのは，上司の意向を無視したようなことになり不適当である。

8 －3）

　急ぎの仕事をしているときに，今日中にという別の仕事を指示されたのである。どちらも期限は守るべきものだから，方法を考え上司に確認しないといけない。それを，行っていた急ぎの仕事を中断すればよかったと言うなどは不適当ということである。

9 －4）

　了承を得ているとはいえ，上司が不在中に早退するのである。連絡や報告のメモを上司の机上に置くだけでは，何かあったときの対応に支障が生じるかもしれない。従って，課長や同僚などに声をかけておくのがよく，それをせずにそのまま早退するのは不適当ということになる。

10 －5）

自社の記事が新聞に載っていることを上司は知らないと思ったら，それを知らせるのは秘書の仕事。新聞を渡すときの言葉として「お読みになってはいかがでしょうか」は，読んだらどうかと上から言うような言い方なので不適当ということである。

一般知識

11 －5）

「財務諸表」とは，会社などの一定期間の財務状態や経営成績を，利害関係者に明らかにする目的で作る書類の総称のことである。

12 －2）

「ファイナンス」とは，財政や資金などのことである。

13 －5）

「相見積もり」とは，物品の購入や業務を発注する際，複数社から見積もりを取って価格を比較することである。

マナー・接遇

14 －3）

悔やみ状は葬儀に参列できない場合に書くもの。また，香典袋の中に入れるものではないので不適当ということである。

15 －4）

電話をもらう場合，席を外すことが多ければ在席している時間帯を言うなどがよい。が，時間を決めさせてもらうというのは，相手の都合への配慮に欠けていて不適当ということである。

16 −1）

「お着きになられ」は，尊敬語の「お着きになる」に尊敬語の「れる」が重なっていて，二重敬語である。適切な言い方は，「お着きになりましたら」などになる。

17 −1）

「結び切り」は繰り返すことがないようにと願うときに使用する水引。「金一封」は，賞金や寄付などをする際の上書きで何度でも使用することがある。従って，この組み合わせは不適当である。

18 −1）

内容が複雑であっても，それをどう整理して理解するかは相手の問題。相手が必要と判断すれば自分でメモするであろう。メモの用意をするように言うなどは，指示しているのと同じで失礼なので不適当ということである。

19 −4）

Dがミスを繰り返すことでAの指導力が問われるのはやむを得ないこと。が，それをDに言っても仕方のないこと。ここは注意する場だから，注意に関係のないことを言うのは不適当ということである。

20 −4）

会議室では，議長に近い席ほど上座になる。従って，ロの字形の場合，議長と対面になる席は上座ではないということである。

21 −3）

上司に関係のある弔事について記録しておくのは，今後の参考にするため。供花の有無やどのようなものにしたかなどは参考になろうが，手配した日は記録しておいても意味がないので不適当ということである。

22 － 5）

仕事を頼むのだから会社のためであるとはいえ，引き受けてもらえるように言い方を工夫するなどして頼むしかない。迷惑そうな顔をされたとしても，会社を持ち出すのは適切な頼み方ではないということである。

23 － 5）

社員を取引先へ紹介する際，役職者の場合は役職を紹介することはある。が，同僚，後輩は入社年次のことで役職とは関係がない。従って，一緒に仕事をするなどの言い方がよいということである。

技　能

24 － 2）

「秘」文書は関係者以外の目に触れてはいけないもの。余分にコピーしてしまったらシュレッダーなどで処分しないといけないので，保管したのは不適当ということである。

25 － 5）

「公印」とは，官公庁などが公務で使用する公式の印のこと。5）は「実印」の説明である。

26 － 1）

商品券は金券なので，紛失したときに5万円までの損害賠償のある簡易書留で送るのがよい。なお，5万円を超えたら一般書留で送る。

27 － 1）

発信日付は，文書の内容の根拠の一つだから書かないといけない。社内文書も同様なので，書かなくてもよいというのは不適当である。

28 − 4）

　資料の予備は，研修を主催する人事部が必要に応じて用意するもの。外部講師に確認するようなことではないので不適当である。

29 − 2）

　アドレスなどを伝えるときの「．」は，一般的に「ドット」と読む。

30 − 5）

　「ご査収」はよく調べて受け取ってくださいという意味の語だが，贈答品のときには使わないので不適当。このような場合は，つまらない物ですが笑って受け取ってくださいという意味で，「ご笑納」を使うのが一般的である。

31 − 1）

　会議で10時にお茶を出すことになっていたら，その時点で出席している人にだけ出すのが本来の仕方。少し遅れる程度なら効率を優先して出しておくことはあっても，30分遅れると連絡のあった外部の人の席にも置いておいたというのは不適当である。

記述問題

マナー・接遇

32

お名前の読み方はヒガシ様でしょうか，アズマ様でしょうか・お名前はヒガシ様とお読みするのでしょうか，アズマ様でしょうか

33

1．どのような用件か。
2．時間はどのくらい必要か。
3．紹介者はいるか。

技　能

34

1）敬具　　2）敬具　　3）草々

35

1）収入　　2）消印　　3）在中　　4）御中

秘書検定２級実問題集　2024年度版　解答・解説編

2024 年 3 月 1 日　初版発行
2024 年10月 1 日　第 2 刷発行

編　　者　　公益財団法人 実務技能検定協会 ©
発行者　　笹森 哲夫
発行所　　早稲田教育出版
　　　　　〒169-0075　東京都新宿区高田馬場一丁目4番15号
　　　　　株式会社早稲田ビジネスサービス
　　　　　https : //www.waseda.gr.jp/
　　　　　電話　（03）3209-6201